정선화의 읍바라밥바~

신나는
리듬
컵타

samho music

　우연한 기회에 컵으로 난타처럼 리듬을 연주하는 컵타라는 악기수업을 접하게 되었습니다. 컵타를 접하는 순간 요즘 청소년들의 스트레스 해소와 힐링에 큰 도움을 줄 수 있으며 또 남녀노소 누구나 쉽게 배우고 즐기면서 수업을 할 수 있겠다는 생각이 들었습니다.

　필자도 현재 피아노, 리코더, 우쿨렐레 등 여러 가지 악기로 방과후 학교, 문화센터 등에서 수업을 하고 있으나 개인위주의 악기수업으로 이루어지고 있습니다. 반면 컵타는 많은 친구들이 다 같이 반주음악에 맞추어 연주할 수 있다는 점, 컵과 책상만 있으면 수업할 수 있다는 장점이 있어 수업에 도입하려고 하였으나 교재를 구하기가 어려웠습니다.

　컵타는 학교나 학원 선생님들께서도 잘 모르고 있으며 심지어 컵타라는 단어조차 생소해하는 사람이 많은 것이 현실입니다.

　7~8년 전 중등음악선생님들이 교과연구교육의 일환으로 컵타 수업을 시작했습니다. 그러나 악보없이 리듬과 구음 동작만으로 수업이 이루어지다보니 학교, 학원, 문화센터 등에서 활성화되지 못했습니다. 이에 필자는 어떻게 하면 컵타를 좀 더 체계적이면서도 재미있게 가르칠 수 있을까를 고민하게 되었고 마침내 이 교재를 쓰게 되었습니다.

　필자는 컵타가 침체되는 학원경기와 시들해지는 특강수업, 그리고 공부와 시름하며 스트레스를 받고 있는 어린이와 청소년들에게 조금이나마 도움이 되는 재미있고 신나는 리듬교육이 되었으면 합니다.

　특히 본 교재를 통해 컵타가 전국적으로 널리 알려지고 많은 친구들이 서로 공감하며 힐링할 수 있었으면 하는 바람입니다.

정 선 화

차례

컵타가 뭐예요?

컵타 리듬 이렇게 시작해요!

만들어봐요! 컵타 리듬

읍바라밥바~
신나는 리듬 컵타

컵타가 뭐예요?

컵타란?

컵을 가지고 사물놀이의 리듬을 응용하여 자유자재로 연주하는 퍼포먼스입니다.

컵타는 음악적 지식 수준의 정도를 떠나서 남녀노소 누구나 쉽게 할 수 있는 창작음악 활동으로 여러 가지 장점이 있습니다.

단순한 두드림의 소리로도 창작을 할 수 있어 아이들의 자신감을 키우는 데 도움을 주며, 개인 뿐만 아니라 단체 연주도 가능하여 협동심과 남을 배려하는 배려심을 키울 수 있습니다. 그리고 개인 또는 팀원이 만든 리듬과 퍼포먼스로 공연을 구성, 연주하면서 창의적이고 주체적인 음악활동을 할 수 있는 계기가 되기도 합니다.

반주MR과 함께 노래를 따라 부르면서 청음과 시창에 도움이 되며 더불어 스스로 리듬을 만들고 노래를 암기하여 연주함으로써 집중력에도 도움을 줄 수 있습니다.

이와 같이 창의적이고 주체적인 컵타는 악기 또한 저렴하며 휴대성이 좋아 언제 어디서나 재미있게 즐길 수 있는 음악활동입니다.

컵타를 연주하기에 좋은 컵

컵타는 컵을 사용해서 연주하므로 다른 어떤 악기보다 작고 가벼운 휴대성과 부담스럽지 않은 가격이 큰 특징입니다.

때문에 컵타가 학원의 특강수업, 수행평가 및 단체 발표회나 예술제 때 더욱 주목을 받고 있습니다.

컵타를 연주할 수 있는 악기는, 악기로 책상을 두드리거나 손으로 악기를 두드려야 하기 때문에 무엇보다 튼튼해야 합니다. 또한 아이들이 사용하는 것이다보니 안정성도 고려해야 합니다.

일반적으로 플라스틱이나 폴리카보네이트 재질의 컵을 많이 사용하는데 플라스틱은 맑은 소리가 나는 반면 재질이 약하고 너무 가벼워서 악기가 날아가거나 컵둘레가 쉽게 손상됩니다. 그러나 폴리카보네이트는 플라스틱보다 탄탄하고 무게감이 있어 좋은 울림으로 안정감 있는 연주를 할 수 있습니다. 또한 환경 호르몬 걱정이 없어 아이들이 안심하고 사용할 수 있습니다.

컵타 연주 시 주의사항

1. 항상 왼손부터 컵을 두드리며 리듬치기

2. 컵은 손등을 위로 하여 야구공을 쥐듯이 왼손부터 잡기

3. MR반주에 맞춰 연주할 때는 노래도 같이 부르기(처음부터 노래하며 수업)

4. 손목 스냅을 이용하여 두드리기

5. 어깨와 팔, 손목에 힘을 빼고 자연스럽게 연주하기

6. 학원이나 유치원에서 유아 수업을 진행할 때는 컵이 악기라는 것을 인지시키고 안전사
   고에 주의하기

알아두기

기본 패턴의 암기가 어려워 리듬 아래에 구음을 적어 연주하는 경우가 간혹 있습니다. 이는 계이름을 적어서 피아노를 치는 것과 같은 것으로 컵타의 장점인 좋은 두뇌개발, 집중력 향상 등의 효과가 반감될 수도 있으므로 주의하세요.

연주형태에 따른 컵타 연주의 장점과 단점

	☀ 장점	☀ 단점
개인	1. 개인의 수준에 맞춰 선곡 가능. 2. 개인의 취향에 따라 한 곡으로 여러 가지 패턴 창작 가능. 3. 시간과 장소의 구애를 받지 않고 언제, 어디서나 연주 가능. 4. IQ, EQ, 창의력, 집중력 개발과 더불어 스트레스 해소에 도움이 되는 힐링 연주 수업.	1. 혼자 반복 연습 시 지루함을 느낄 수 있음. 2. 여러 명이 함께하는 곡을 이해하고 연주할 때 어려움이 있을 수 있음.
그룹	1. 많은 인원이 함께 할 수 있는 기본 패턴을 연주하므로 학년의 구애를 받지 않고 연주 가능. 2. 여러 명이 같은 패턴을 연주하기 때문에 배려심과 협동심 향상 가능. 3. 모든 사람들이 정확히 동작을 맞췄을 때 성취감 체험. 4. 그룹연주 역시 IQ, EQ, 창의력, 집중력 개발과 더불어 스트레스 해소에 도움이 되는 힐링 연주 수업.	1. 많은 인원(20명 이상)이 연습하려면 시간과 장소에 구애를 받을 수 있음. 2. 단체 연주 시 단순한 패턴과 동작을 선택해야 하기 때문에 자칫 단조로운 공연이 될 수 있음. 3. 여러 학년이 같이 연주할 경우 저학년의 지도에 어려움이 있어 컵타의 재미가 반감될 수 있음.

컵타의 기본 리듬

  컵타는 기본 리듬을 8박에 맞춰 연주합니다. 처음부터 기본 리듬을 곡에 맞춰 연주하기가 힘들면 음표의 길이를 두 배로 늘리거나 Tempo를 느리게 하여 연습합니다.

- 기본 리듬

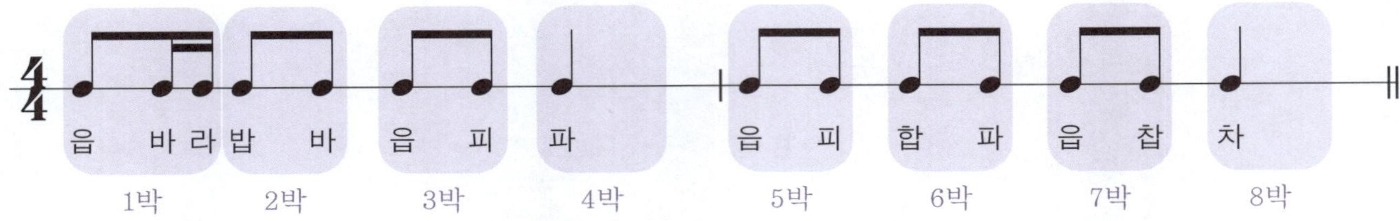

- 2배 늘린 기본 리듬

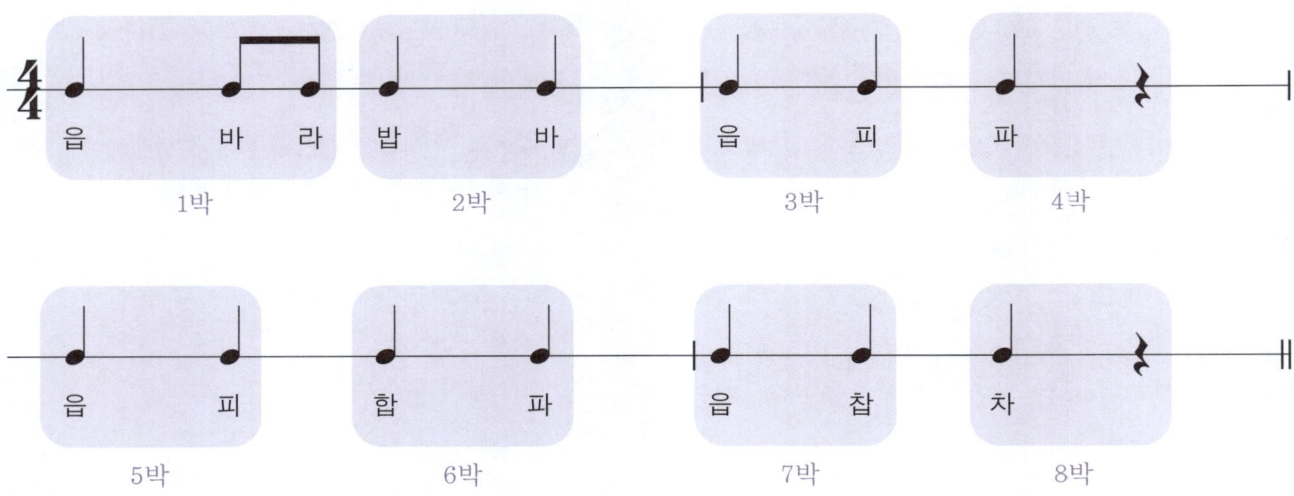

알아두기

• 유아나 초등 저학년은 한 번에 기본 리듬 모두를 익혀 연주하기 어려우므로 읍, 바 라 리듬부터 익힌다.

컵타의 기본 구음과 약식 구음

기본 구음이 익숙하지 않으면 좀 더 편한 약식 구음을 사용할 수 있으나 되도록이면 기본 구음을 익히는 것이 좋습니다.

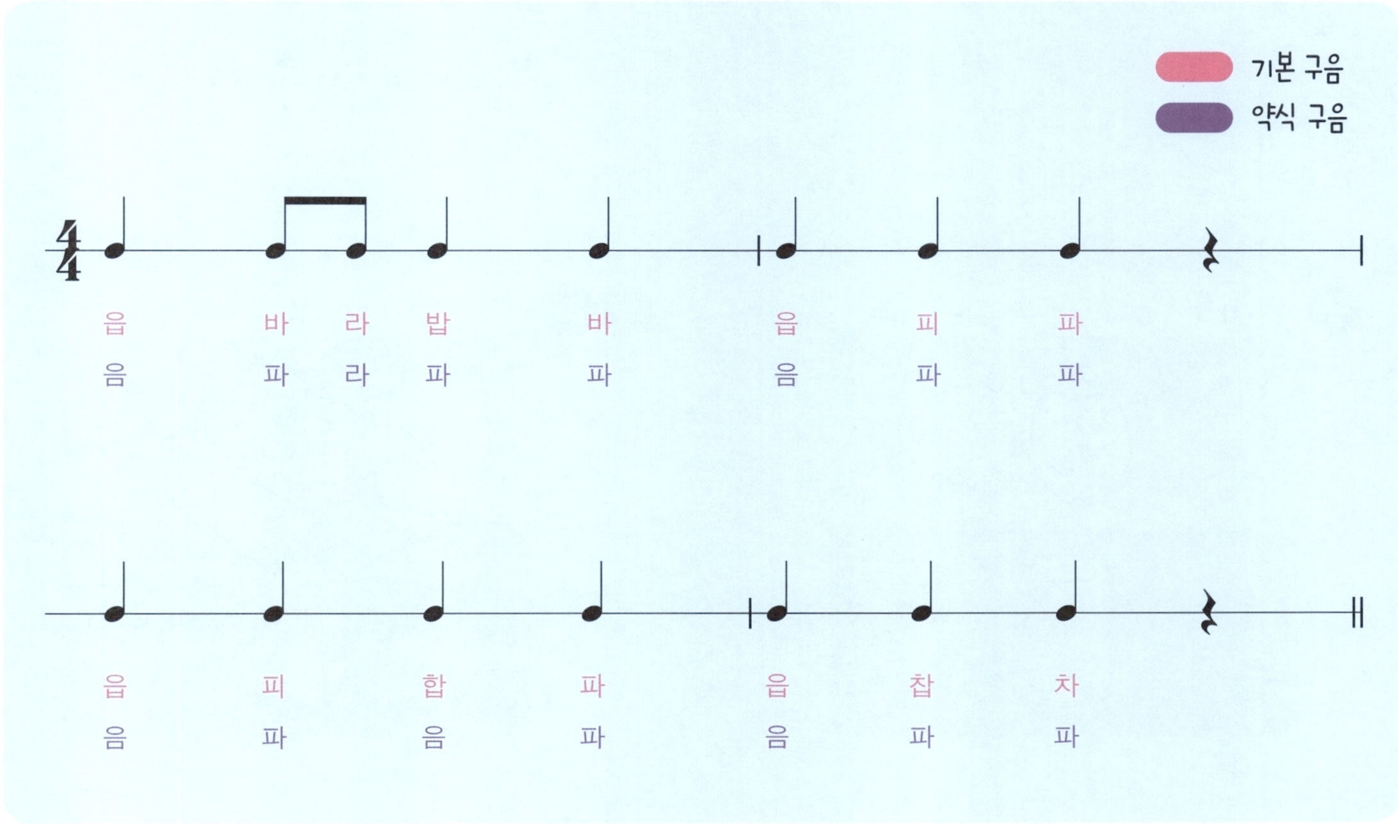

알아두기

· 약식 구음으로 연습할 때는 동작을 정확히 익혀 반복되는 구음을 혼돈하지 않도록 주의한다.

컵타의 기본 동작

컵타를 연주하기에 앞서 기본 동작을 익혀봅시다. 기본 동작을 정확히 익혀야 빠른 노래에서도 쉽게 연주할 수 있습니다.

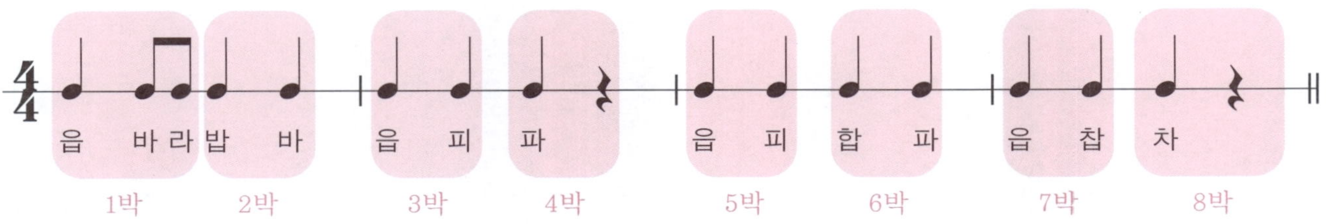

읍 손뼉치기

바 **라** 왼손, 오른손 순서로 컵 윗부분치기

밥 왼손으로 컵 윗부분치기

바 오른손으로 컵 윗부분치기

피 왼손으로 컵을 잡기

파 왼손으로 잡은 컵으로 책상치기

합 왼손으로 잡은 컵으로 오른손 손바닥치기

읍 왼손으로 잡은 컵을 오른손으로 옮기기(7박)

찹 왼손으로 책상치기

차 치고 있는 왼손 앞을 컵으로 책상치기

알아두기

- 7박의 **읍** 동작을 잘 인지하여 혼돈하지 않도록 한다.
- 구음과 동작을 천천히, 그러나 명확하게 두드려 리듬치기를 한다.

읍바라밥바~
신나는 리듬 컵타

컵타 리듬
이렇게
시작해요!

1. 읍·바라 리듬 익히기

읍 리듬치기

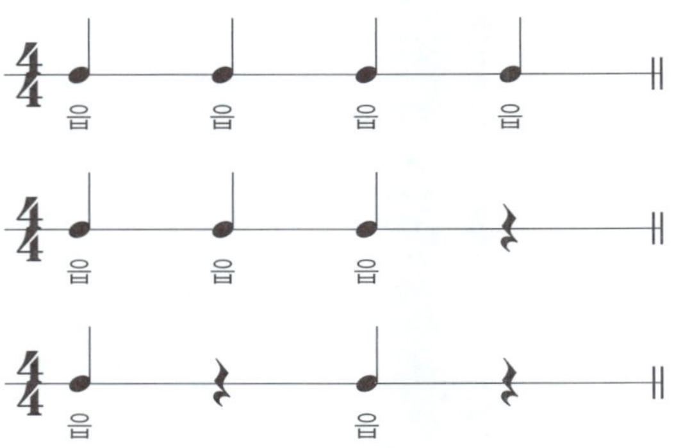

바 라 리듬치기

읍 · 바 라 리듬치기 응용

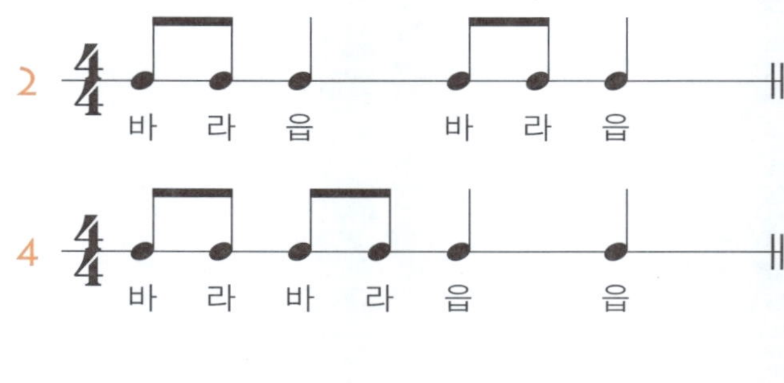

비행기

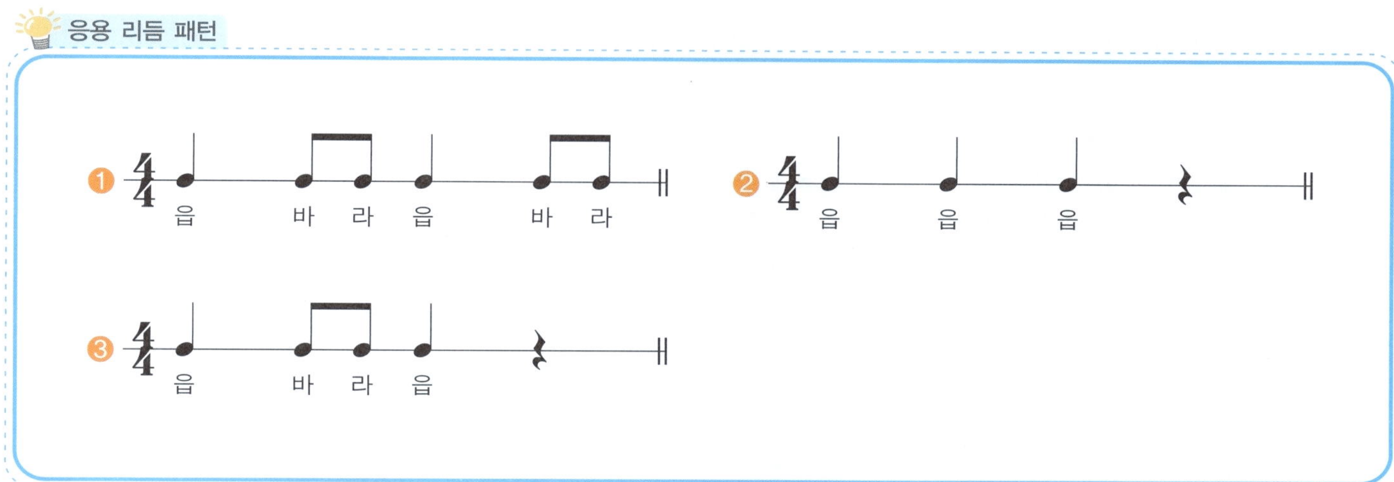

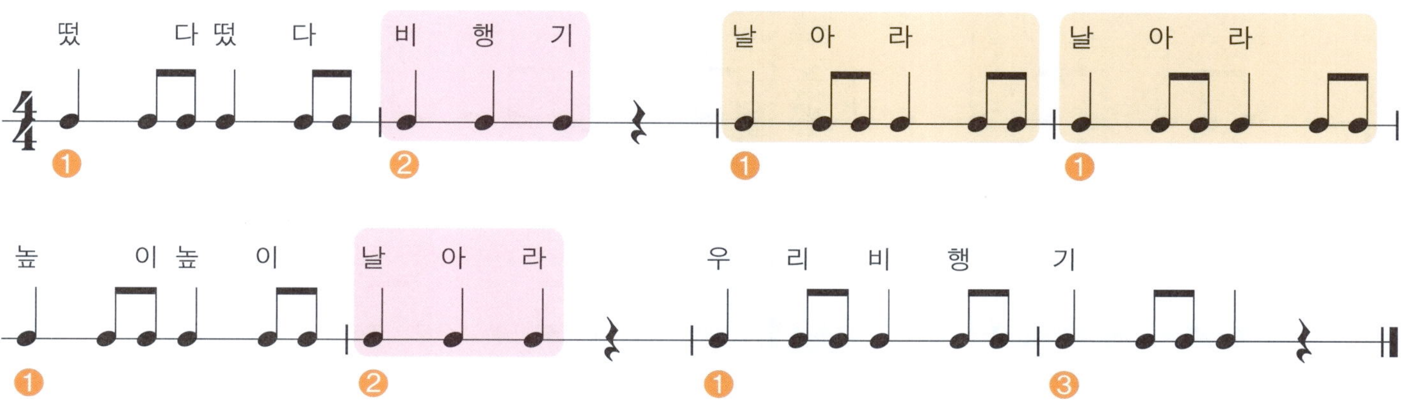

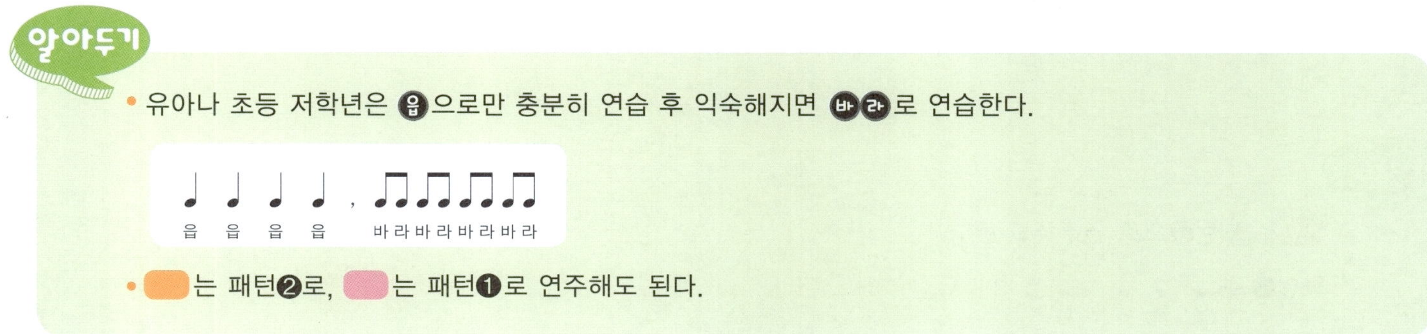

- 유아나 초등 저학년은 읍 으로만 충분히 연습 후 익숙해지면 바라 로 연습한다.

- 는 패턴❷로, 는 패턴❶로 연주해도 된다.

나비야

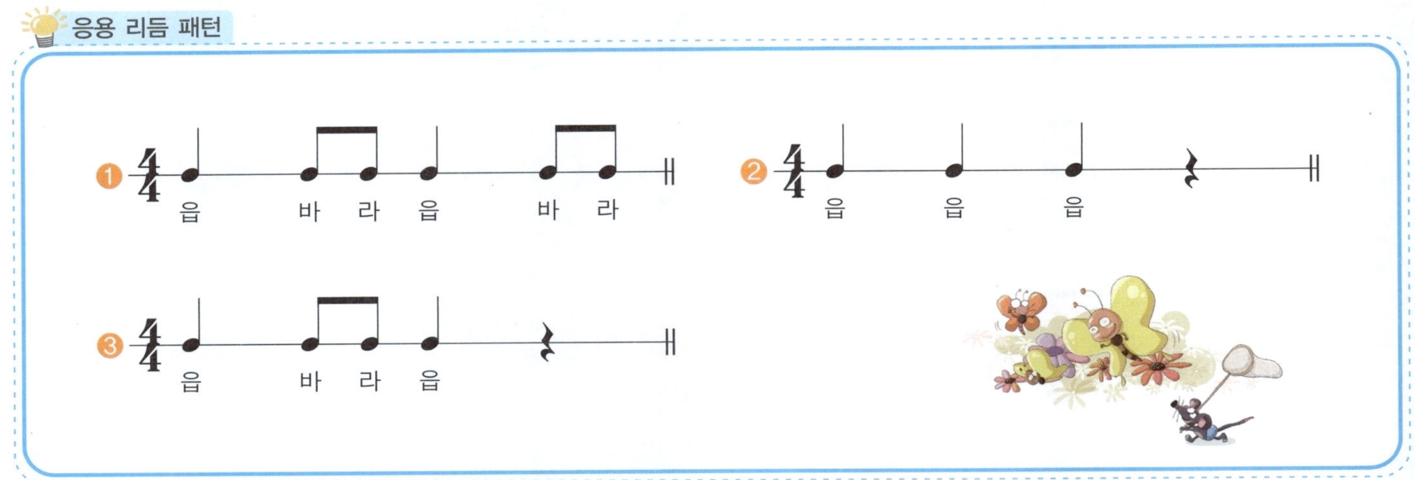

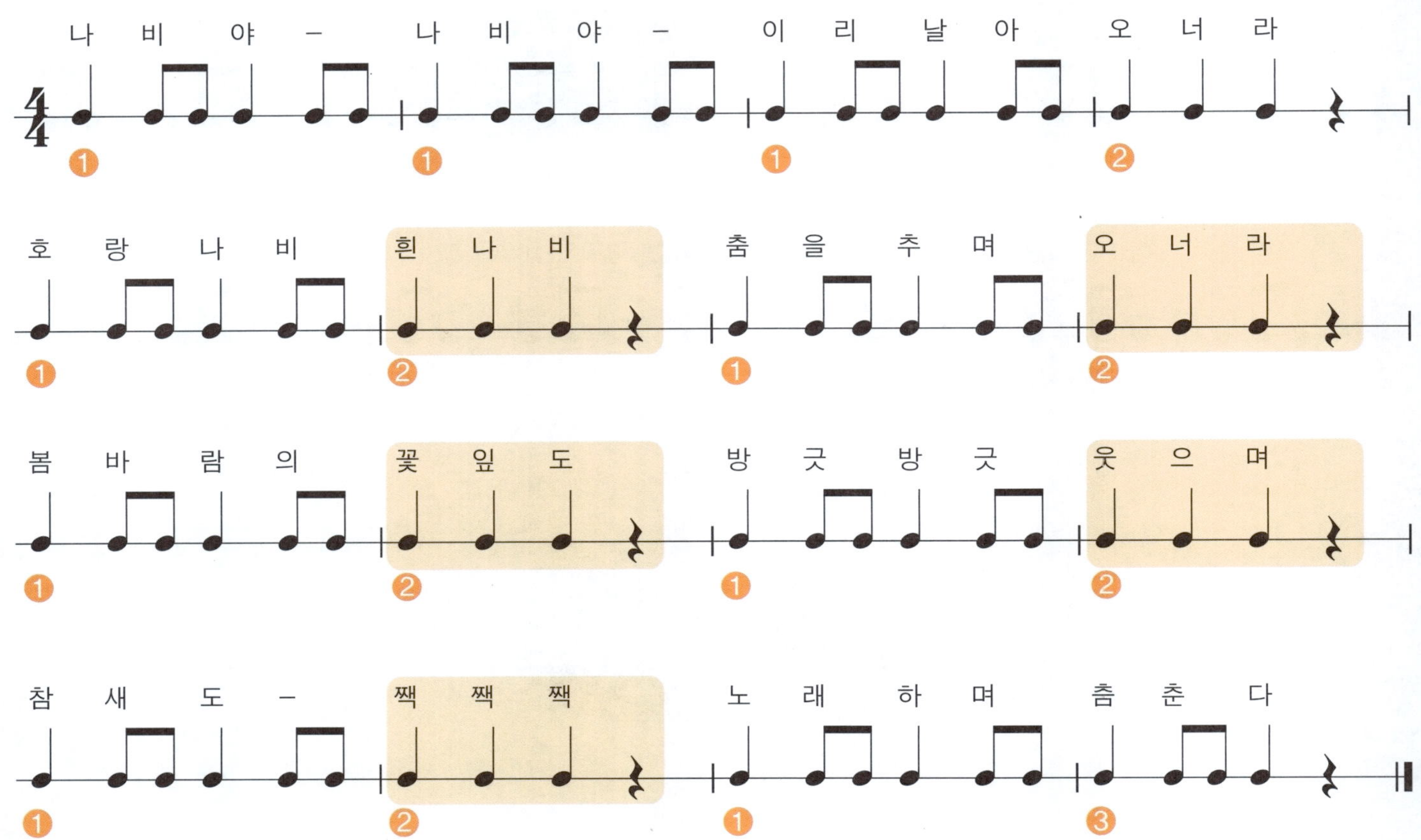

알아두기

- 는 패턴❸으로 연주해도 된다.
- 패턴❶을 로 바꿔서 연주해도 된다.
  읍 읍 읍 바라

곰 세 마리

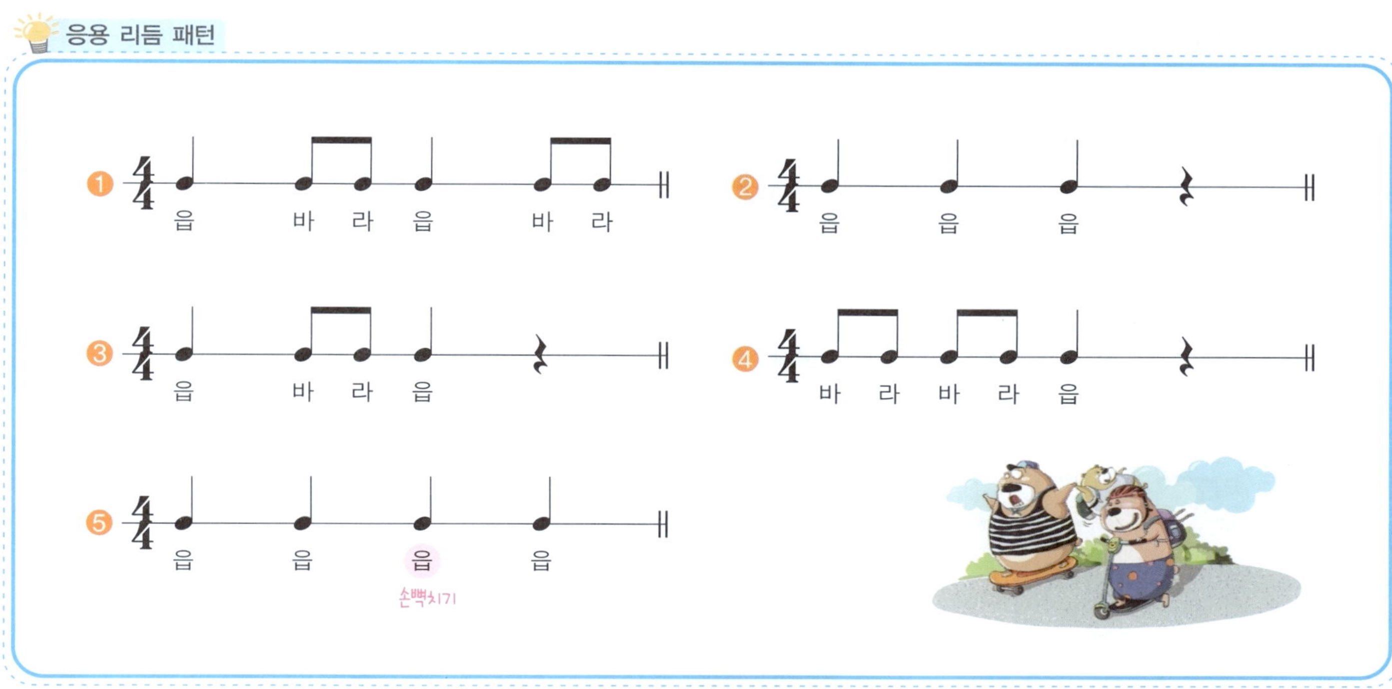

알아두기

- 여럿이 연주할 때 패턴❺는 앞사람과 마주보며 손뼉치거나 옆사람과 손뼉치기를 해도 된다.
- ▮는 패턴❸으로, ▮는 패턴❷로 연주해도 된다.
- 패턴❶을 ♩ ♫ ♫♩으로 바꿔서 연주해도 된다.
  읍 바 라 바 라 읍

뽀롱 뽀롱 뽀로로

응용 리듬 패턴

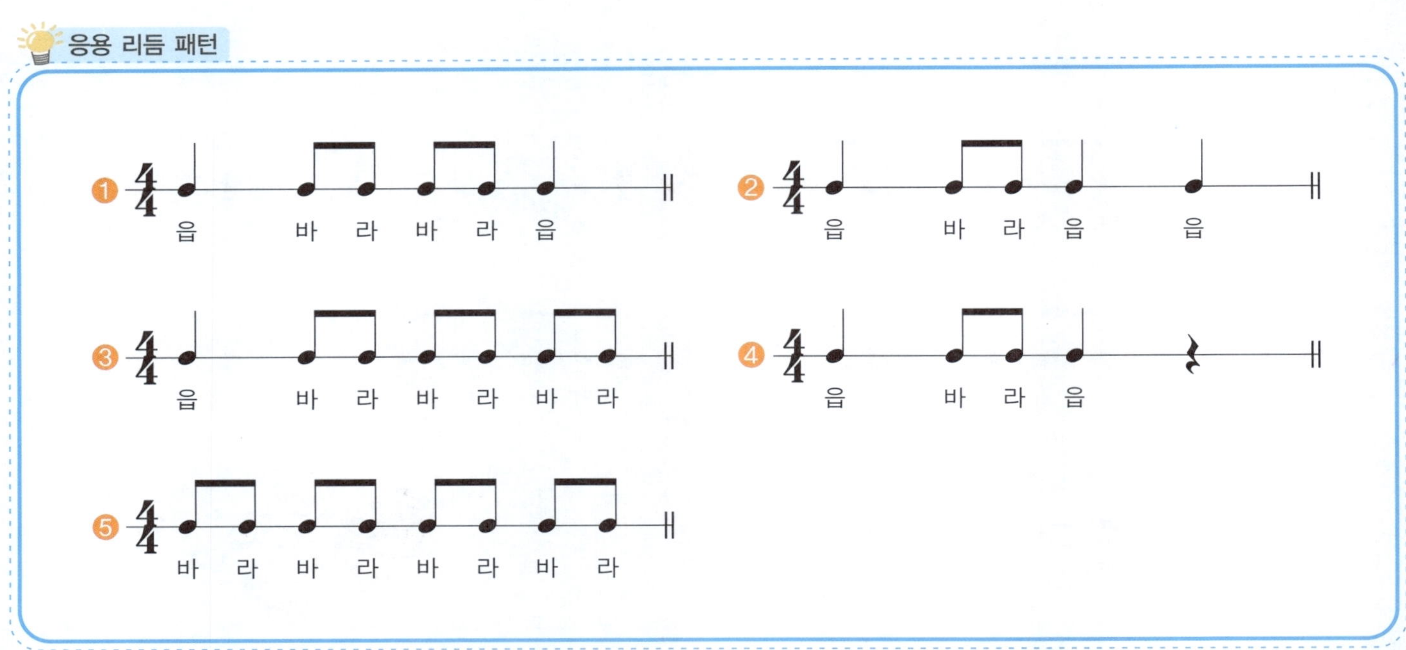
① 읍 바 라 바 라 읍
② 읍 바 라 읍 읍
③ 읍 바 라 바 라 바 라
④ 읍 바 라 읍
⑤ 바 라 바 라 바 라 바 라

노 는 게 제 일 좋 아 친 구 들 모 여 라
언 제 나 즐 거 워 개 구 쟁 이 뽀 로 로
눈 덮 인 숲 속 마 을 꼬 마 펭 귄 나 가 신 다
언 제 나 즐 거 워 오 늘 은 또 무 슨 일 이 생 길 까

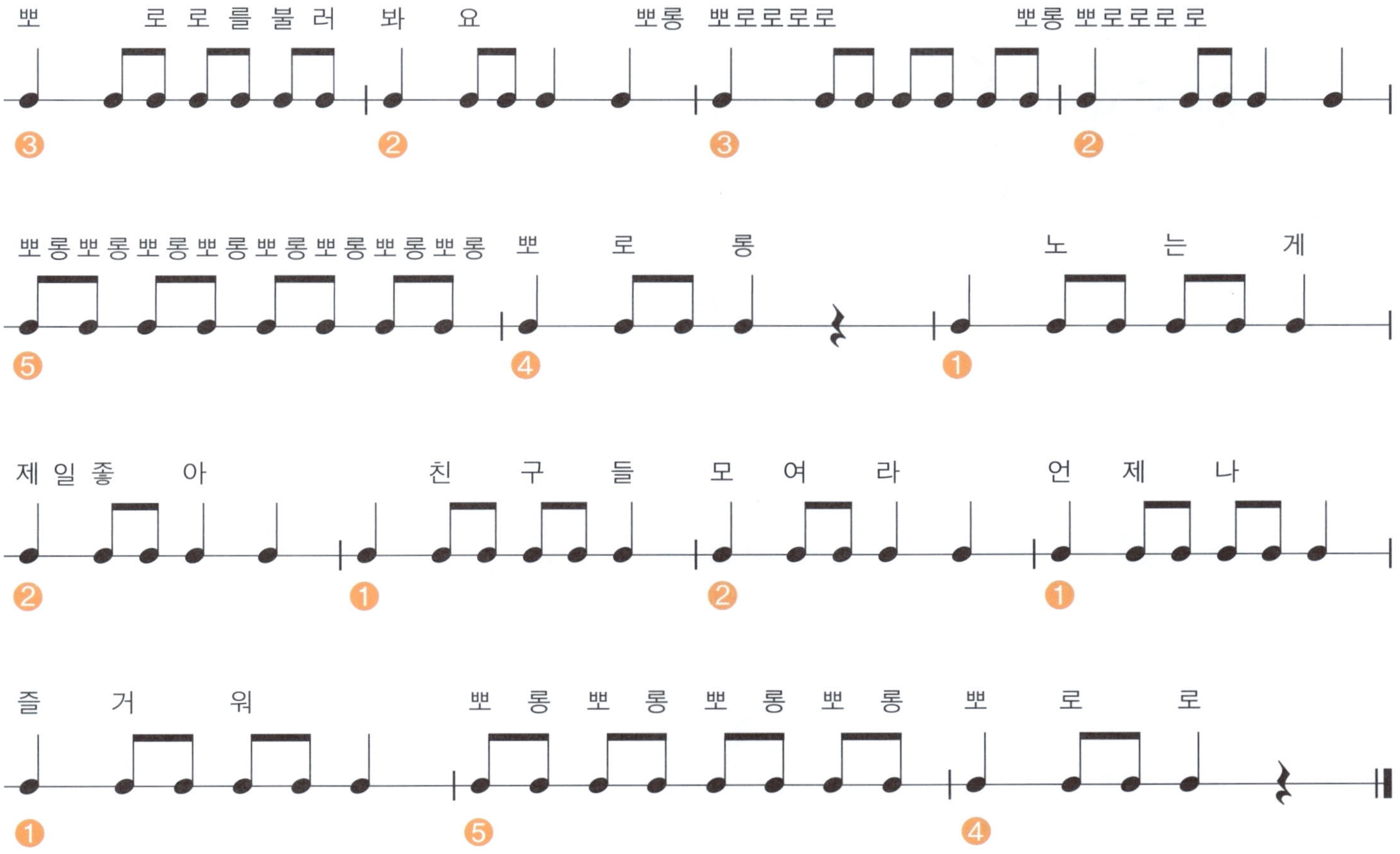

뽀 로 로 로 를 불러 봐 요　　　뽀롱 뽀로로로로　　　뽀롱 뽀로로로로
❸　　　　　　　　❷　　　　　　❸　　　　　　　　❷

뽀롱뽀롱뽀롱뽀롱뽀롱뽀롱뽀롱뽀롱　뽀 로 롱　　　노 는 게
❺　　　　　　　　　　　　　❹　　　　　❶

제 일 좋 아　　　친 구 들 모 여 라　　　언 제 나
❷　　　　　❶　　　　　　❷　　　　　　❶

즐 거 워　　　뽀 롱 뽀 롱 뽀 롱 뽀 롱 뽀 로 로
❶　　　　　❺　　　　　　　　　❹

• 모든 패턴에서 바라 는 여러 가지 방법으로 두드린다.

그대로 멈춰라

- ▬은 패턴❷로 연주해도 된다.
- 패턴❸은 1박만 혼자 손뼉치고, 나머지 박은 앞이나 옆사람과 함께 손뼉을 친다.

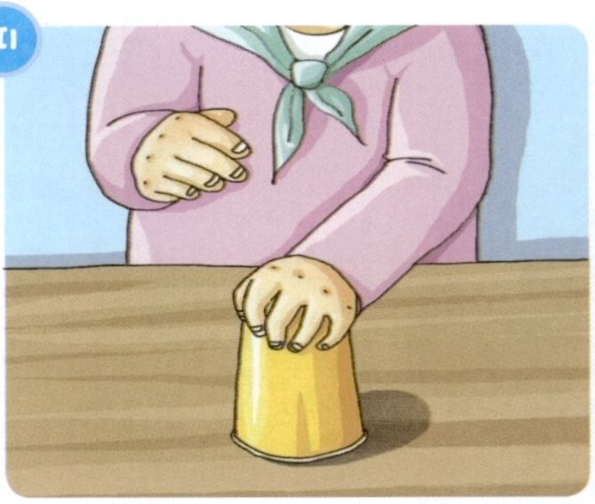

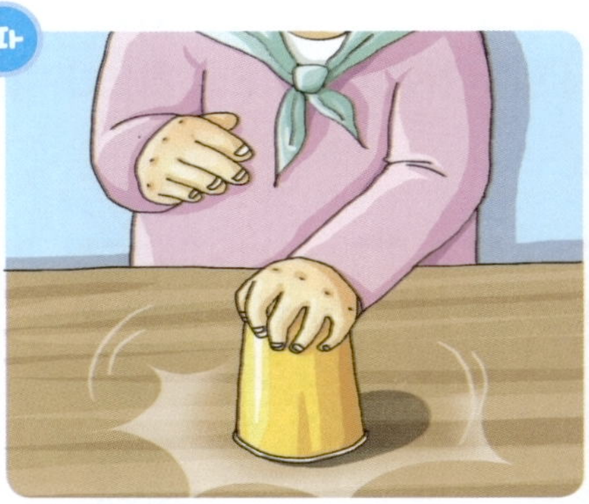

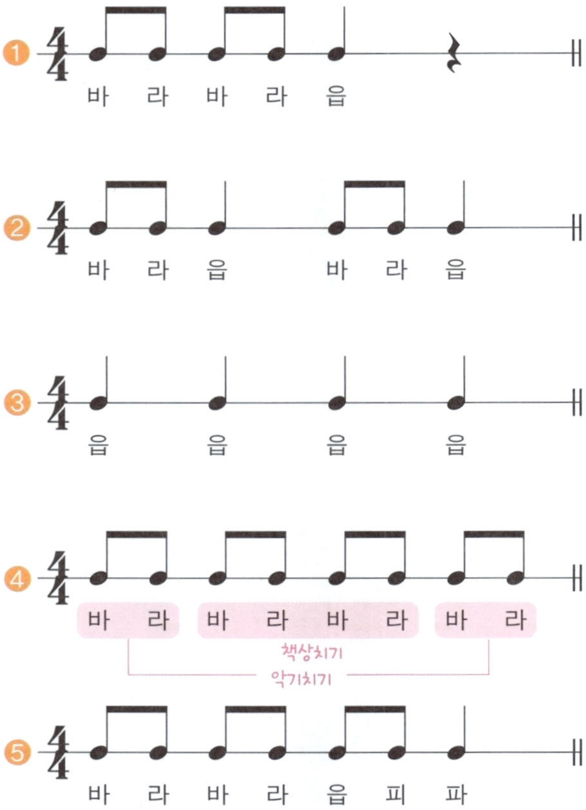

즐 겁 게
춤 을 추 다 가
그 대 로 멈 춰 라
즐 겁 게
춤 을 추 다 가
그 대 로 멈 춰 라
눈 도 감 지 말 고
웃 지 도 말 고
울 지 도 말 고
움 직 이 지 마
즐 겁 게
춤 을 추 다 가
그 대 로 멈 춰 라
즐 겁 게
춤 을 추 다 가
그 대 로 멈 춰 라

괜찮아요

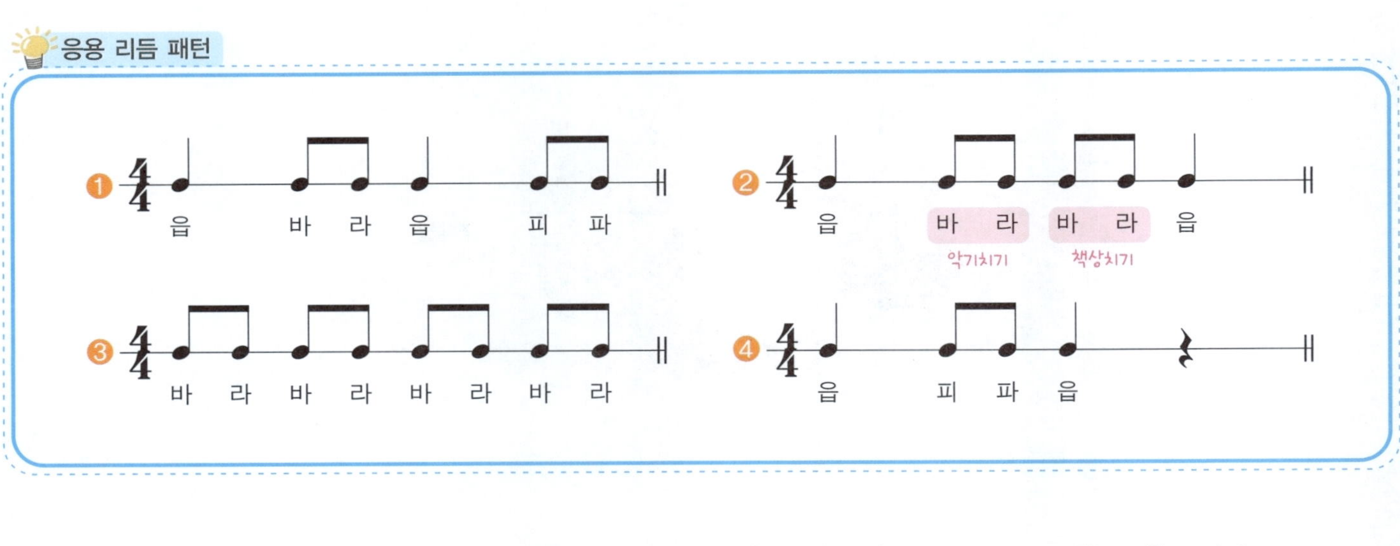

• 패턴 ❸의 바 라 는 여러 가지 방법으로 두드린다.

작은 동물원

알아두기

- 패턴①은 ♫ ♩ ♫ ♩ 으로 바꿔서 연주해도 된다.
  바 라 읍 바 라 읍
- 패턴③의 바 라 는 악기, 책상 순으로 번갈아 두드려도 된다.

2. 밥·바·피·파 리듬 익히기

밥 , 바 리듬치기

2/4 밥 바 밥 바
3/4 밥 밥 밥 바
4/4 밥 바 밥 바 밥 바
4/4 읍 바 라 밥 바

피 , 파 리듬치기

2/4 피 파 피 파
4/4 피 파 읍 피 파 파
4/4 읍 바 라 피 파 읍

밥 , 바 , ● , 파 리듬치기 응용

1 2/4 바 라 피 파
3 3/4 읍 피 파 파 읍 파

2 4/4 읍 바라밥 파 읍 피파
4 4/4 읍 바라밥 바 읍 피파파 파

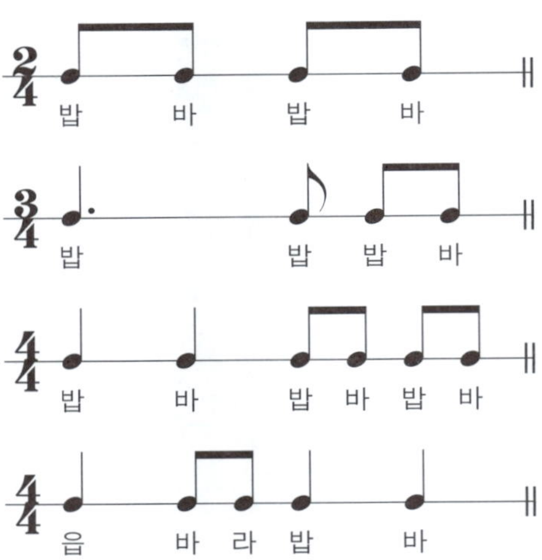

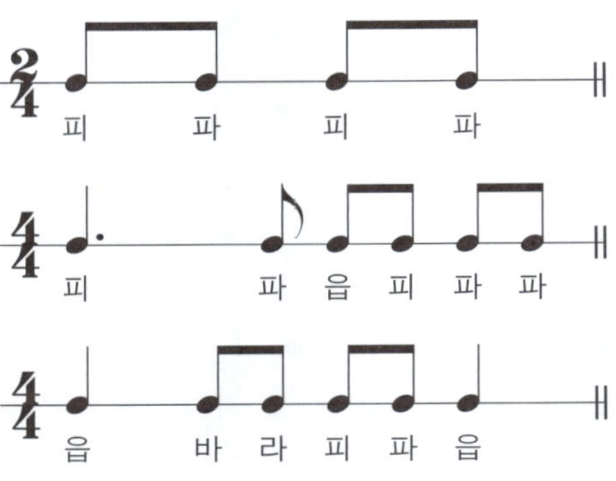

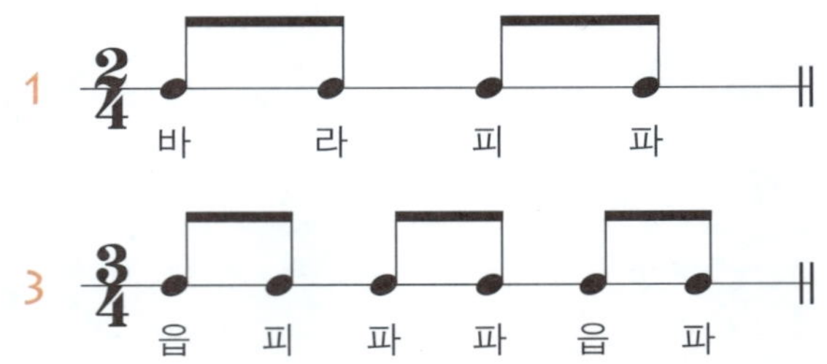

작은 별 ••• 컵 2개 사용

응용 리듬 패턴

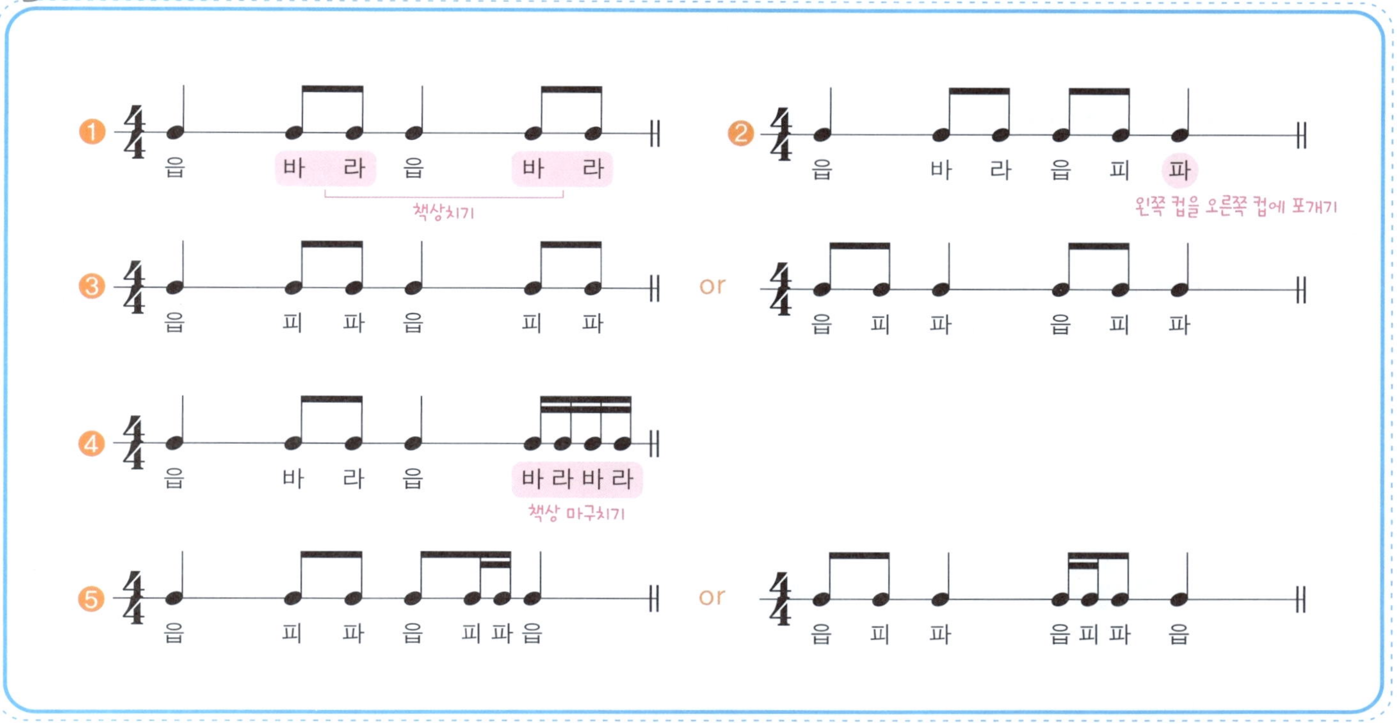

알아두기

• 패턴❷의 ⓟ는 양손을 크로스하여 책상치기 등으로 응용해서 연주해도 된다.

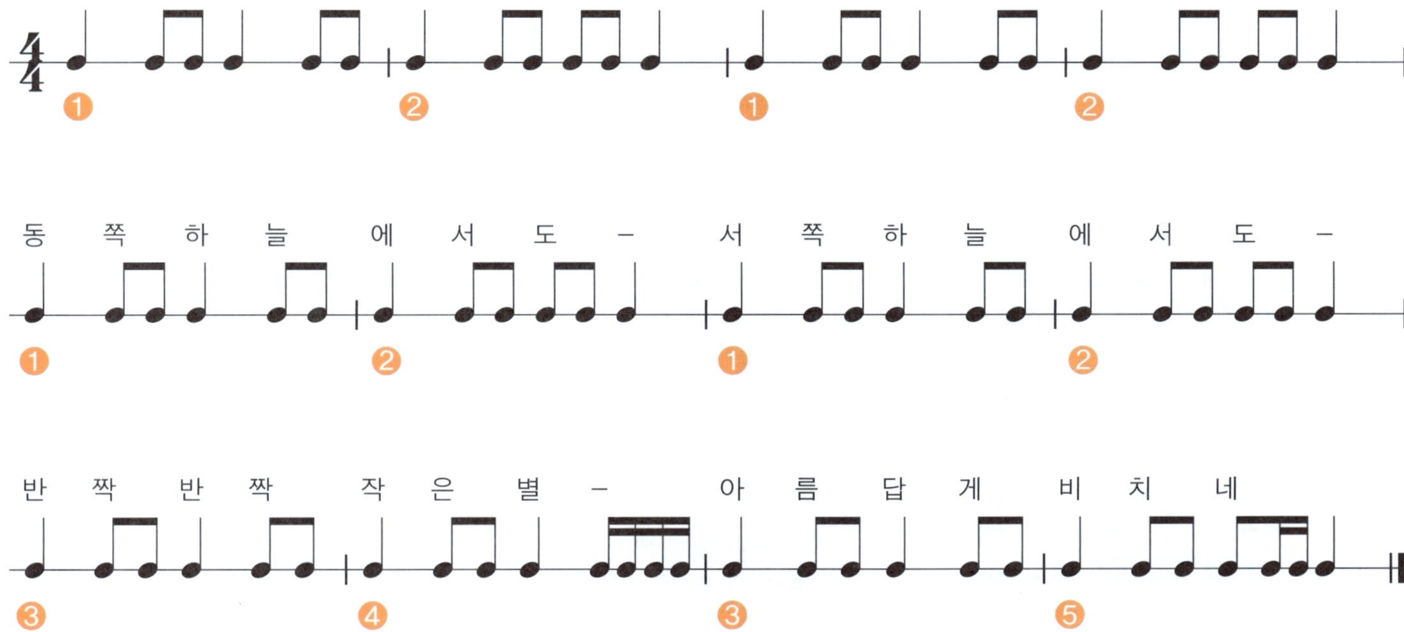

통통통통

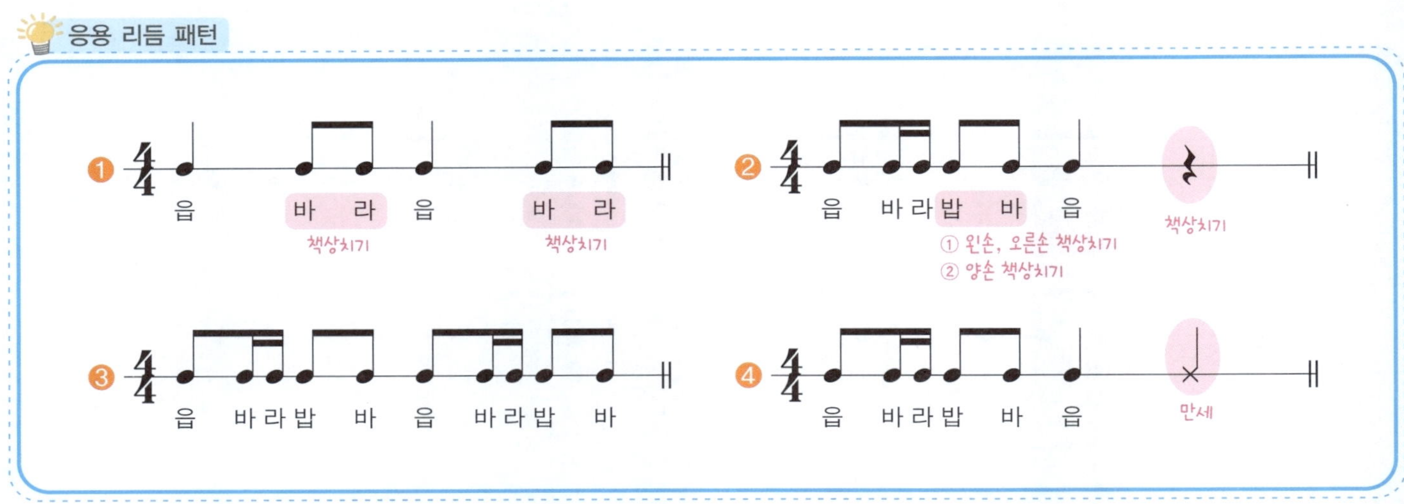

- 패턴❸에서 밥은 양손으로 컵 윗부분을 치고, 바는 책상을 친다.

텔레비전 ··· 컵 2개 사용

응용 리듬 패턴

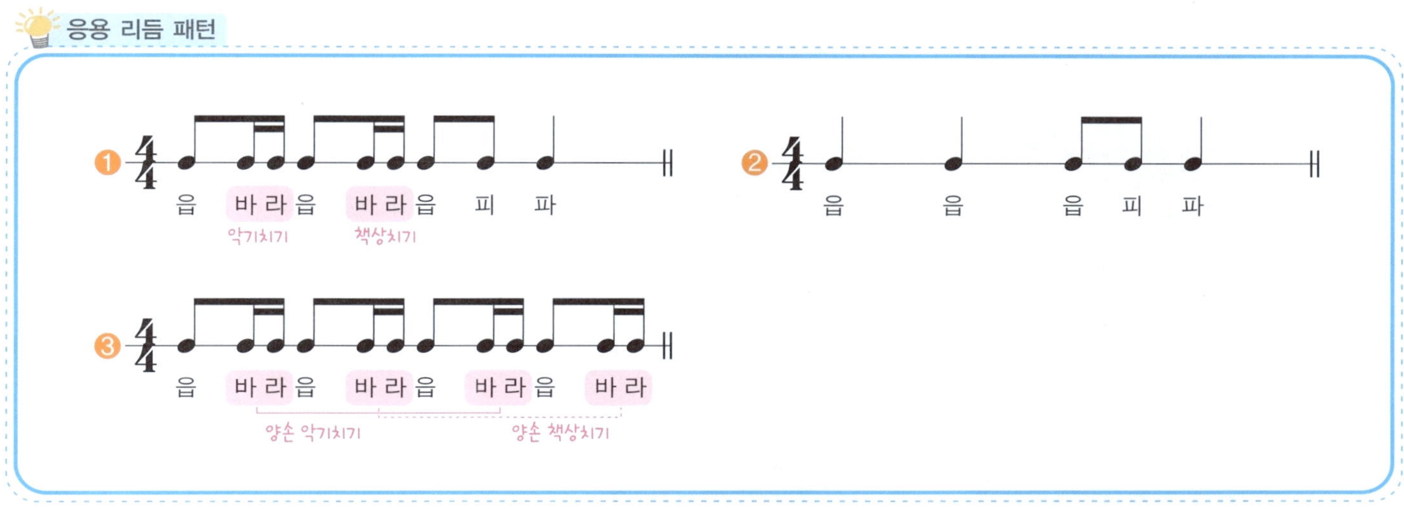

숲 속을 걸어요 ... 컵 2개 사용

알아두기

• 패턴②의 피, 파는 두 명이 마주볼 경우 앞사람의 컵에 포개고, 혼자일 경우는 자기 컵을 포갠다.

솜사탕 ··· 컵 2개 사용

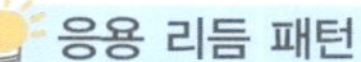 응용 리듬 패턴

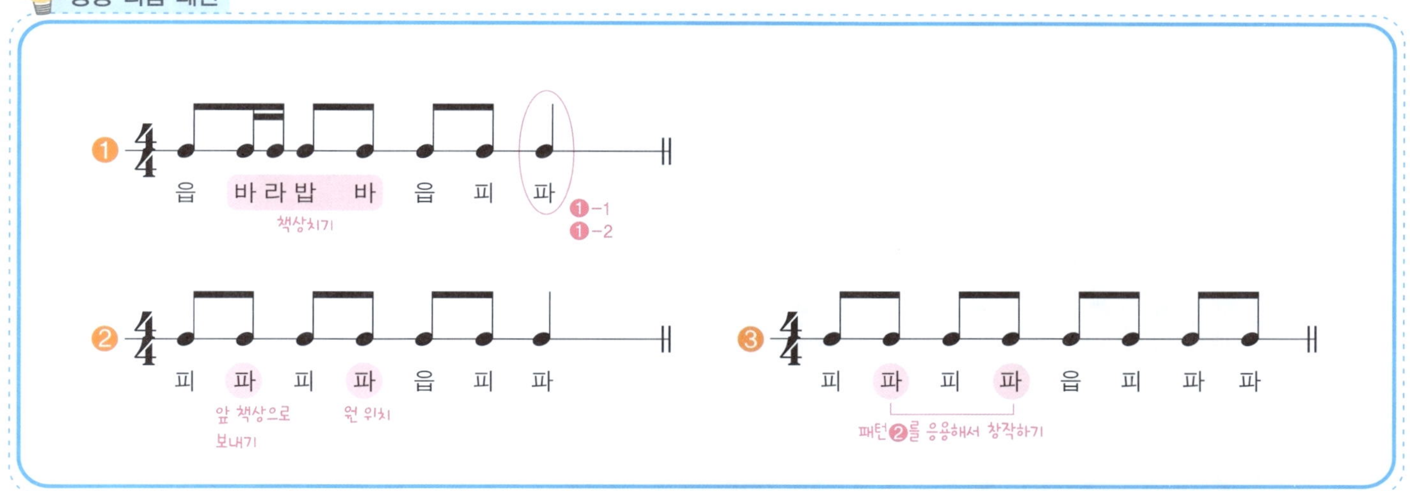

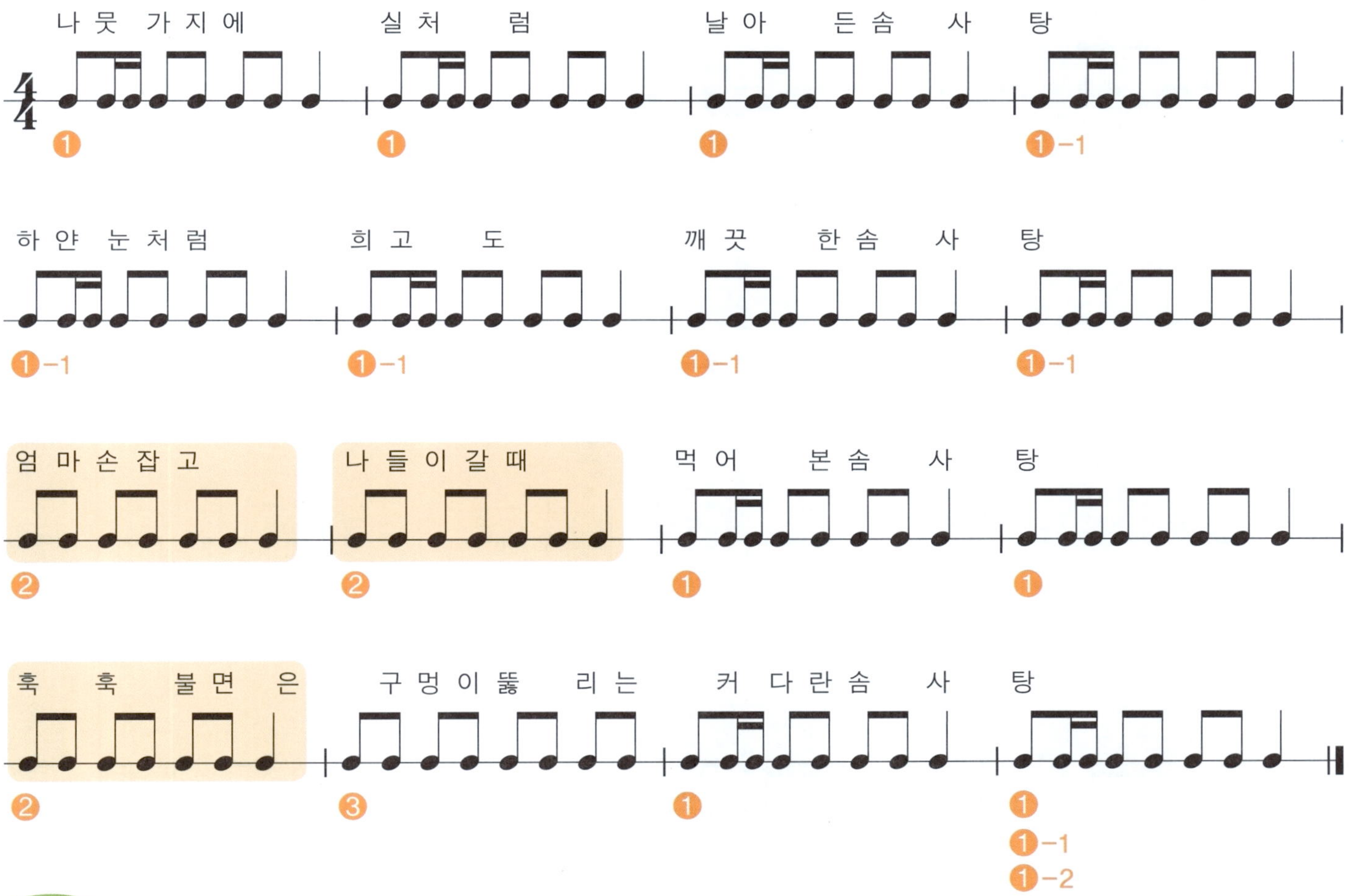

알아두기

- 패턴 **1**-1(혼자 연주)에서 **파**는 양손을 교차하고, 패턴 **1**-2(여럿이 연주)에서 **파**는 오른쪽 옆사람에게 컵을 넘겨준다.
- 는 패턴 **3**으로 연주해도 된다.

숫자송 ... 컵 2개 사용

💡 응용 리듬 패턴

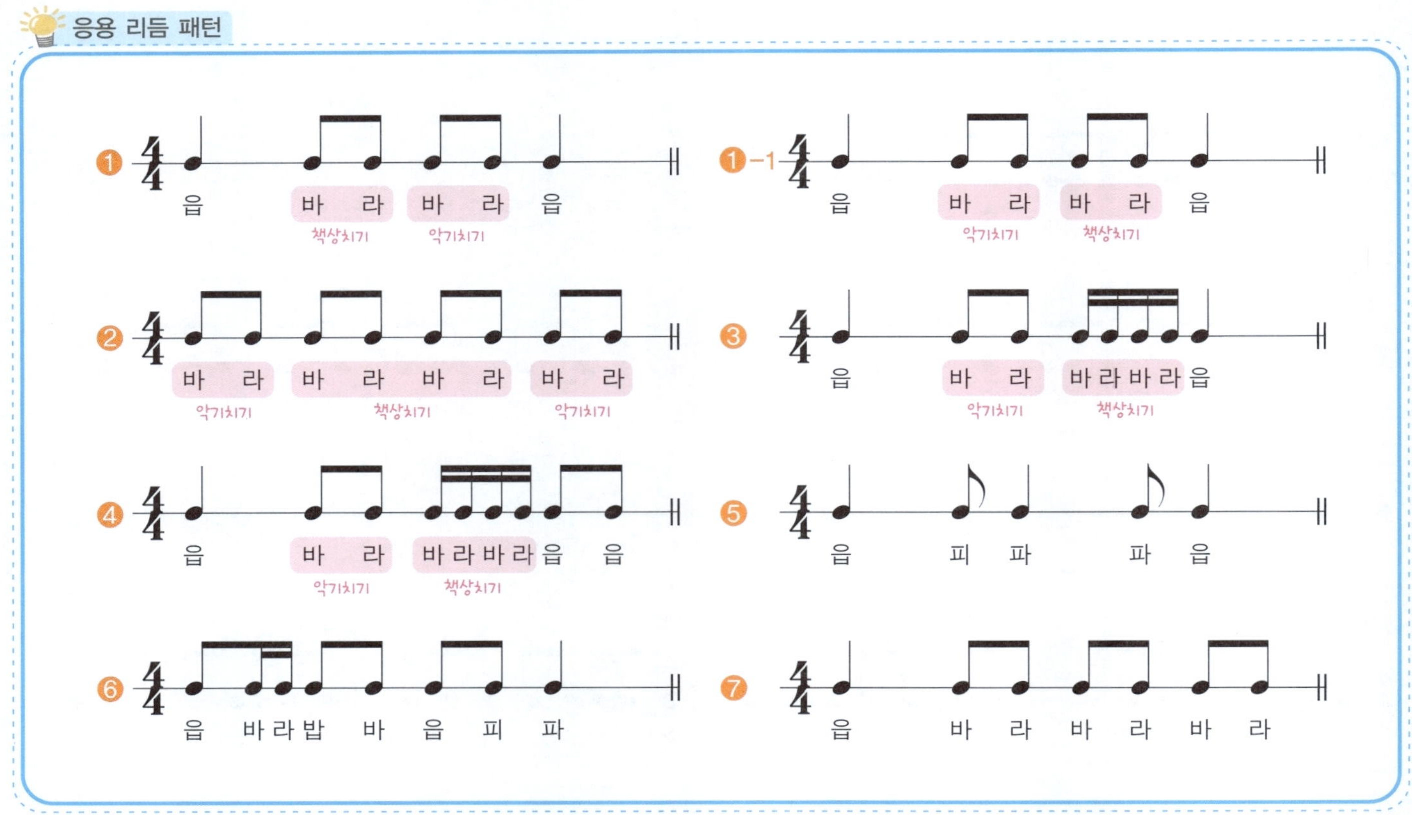

알아두기

• 각 리듬패턴의 바라 는 악기치기와 책상치기를 바꿔서 연주해도 된다.

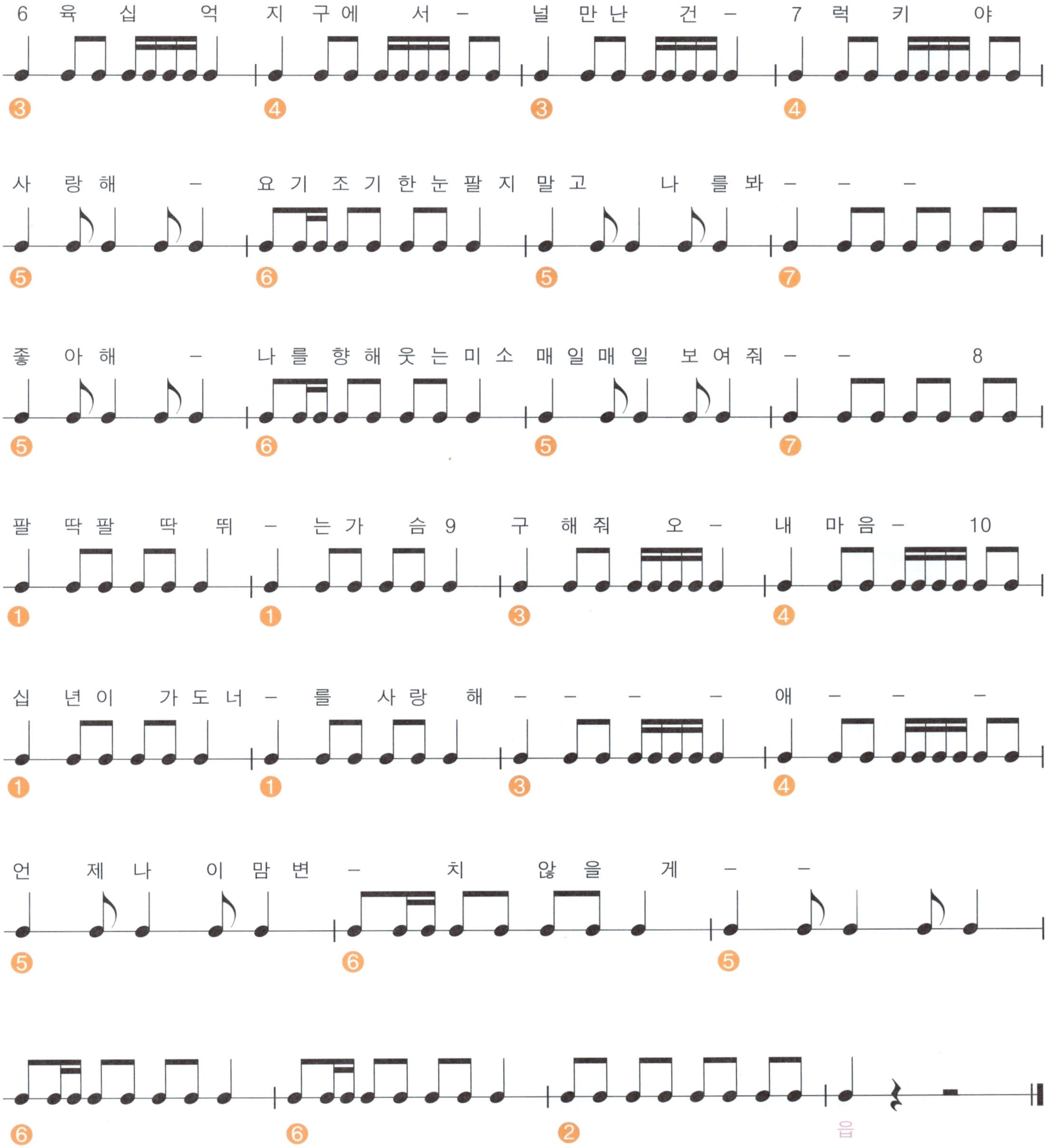

6 육 십 억 지구에 서 – 널 만난 건 – 7 럭 키 야
사 랑 해 – 요기 조기 한 눈 팔 지 말 고 나 를 봐 – – – –
좋 아 해 – 나를 향 해 웃는 미 소 매일 매일 보 여 줘 – – 8
팔 딱 팔 딱 뛰 – 는 가 슴 9 구 해 줘 오 – 내 마음 – 10
십 년 이 가 도 너 – 를 사 랑 해 – – – – – 애 – – – –
언 제 나 이 맘 변 – 치 않 을 게 – –
읍

도레미송

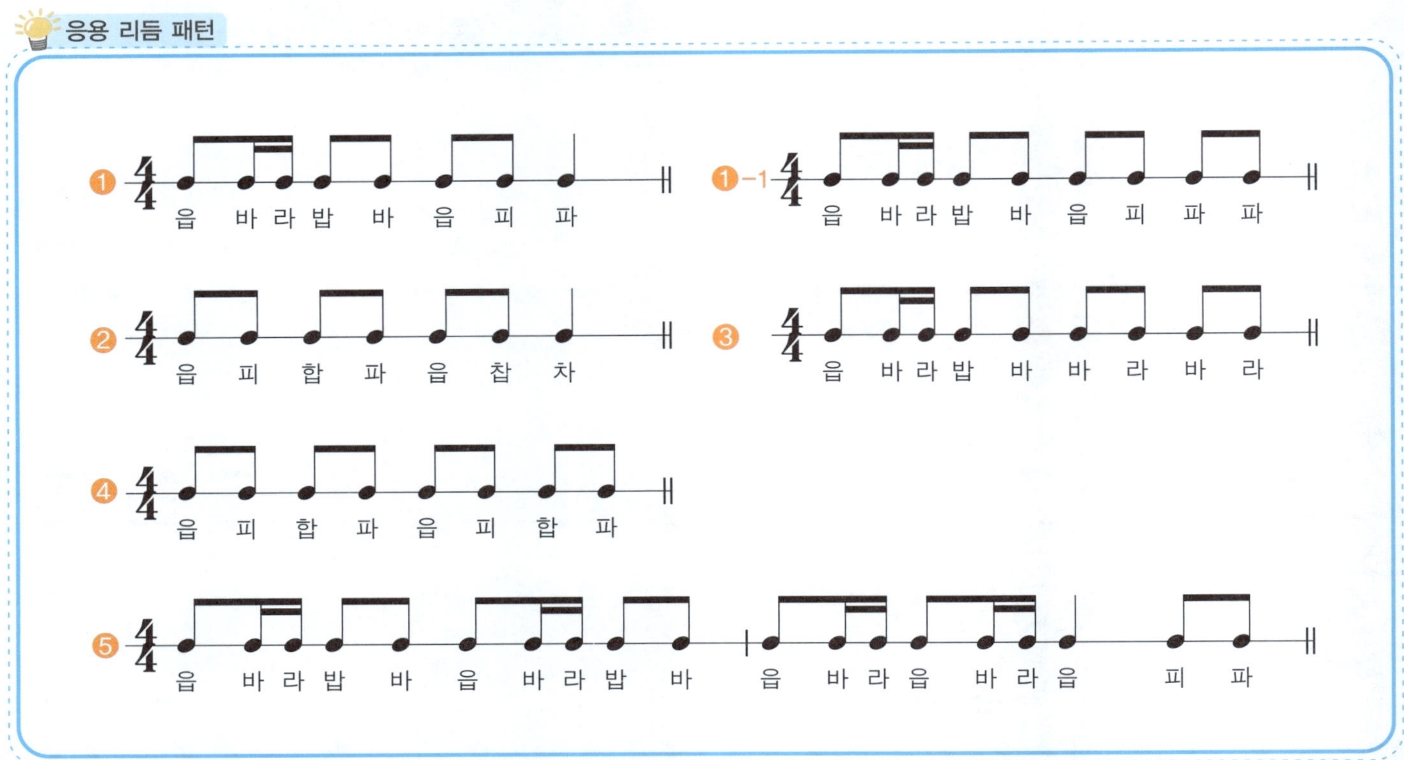

바 라 는 컵에서 책상, 책상에서 컵으로 또는 왼손, 오른손을 번갈아 가면서, 양손을 한꺼번에 연주할 수도 있다.

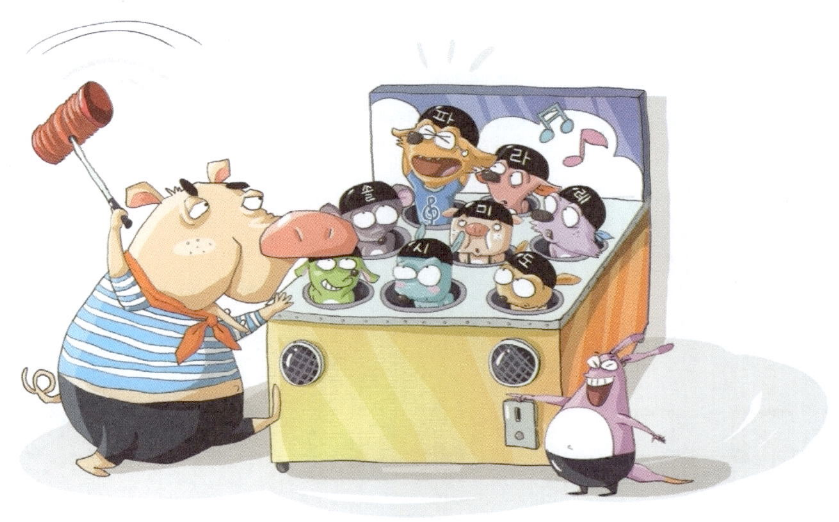

파
라
레
솔
미
시
도

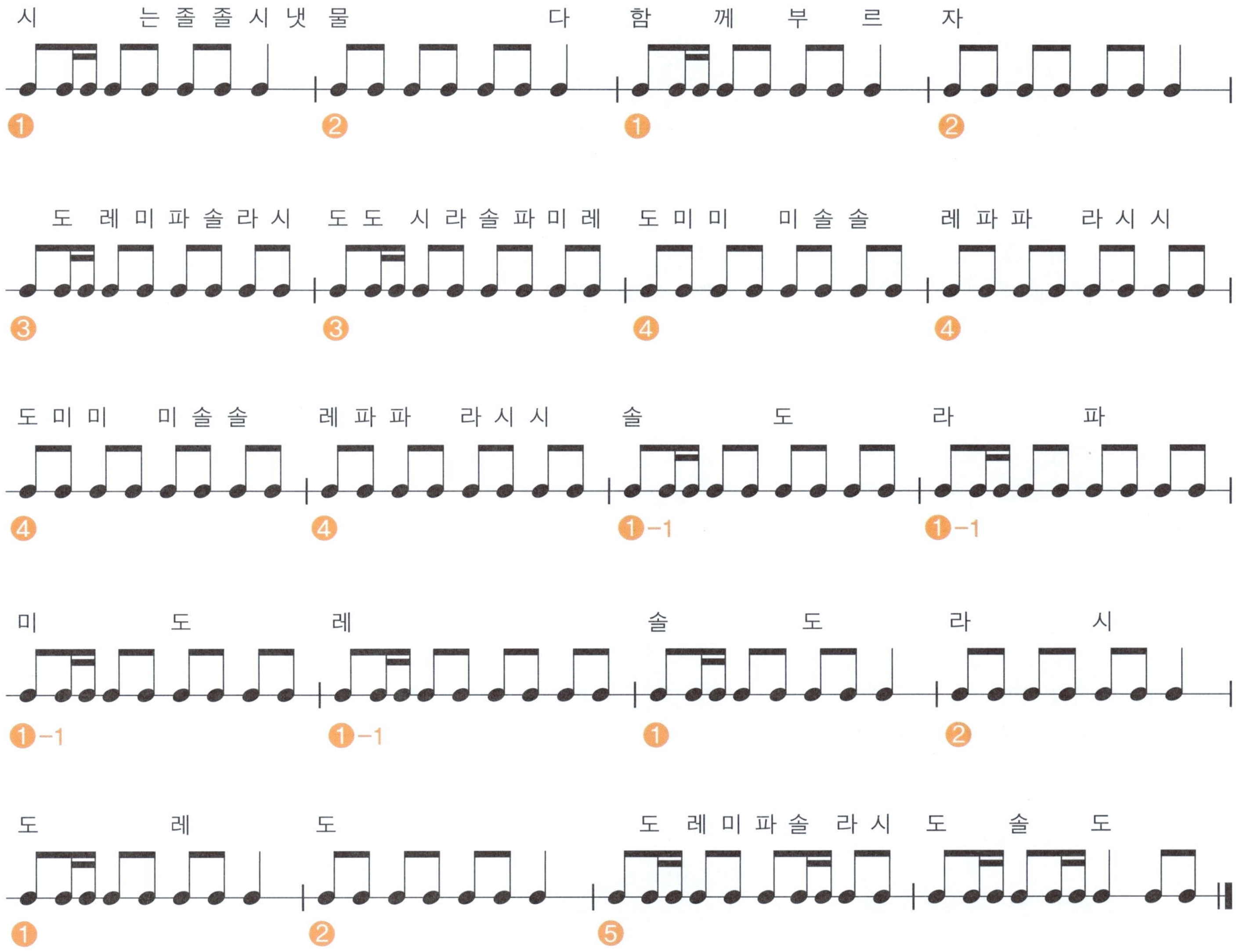
시 는 졸 졸 시 냇 물 다 함 께 부 르 자
1 2 1 2
도 레 미 파 솔 라 시 도 도 시 라 솔 파 미 레 도 미 미 미 솔 솔 레 파 파 라 시 시
3 3 4 4
도 미 미 미 솔 솔 레 파 파 라 시 시 솔 도 라 파
4 4 1−1 1−1
미 도 레 솔 도 라 시
1−1 1−1 1 2
도 레 도 도 레 미 파 솔 라 시 도 솔 도
1 2 5

제비1

응용 리듬 패턴

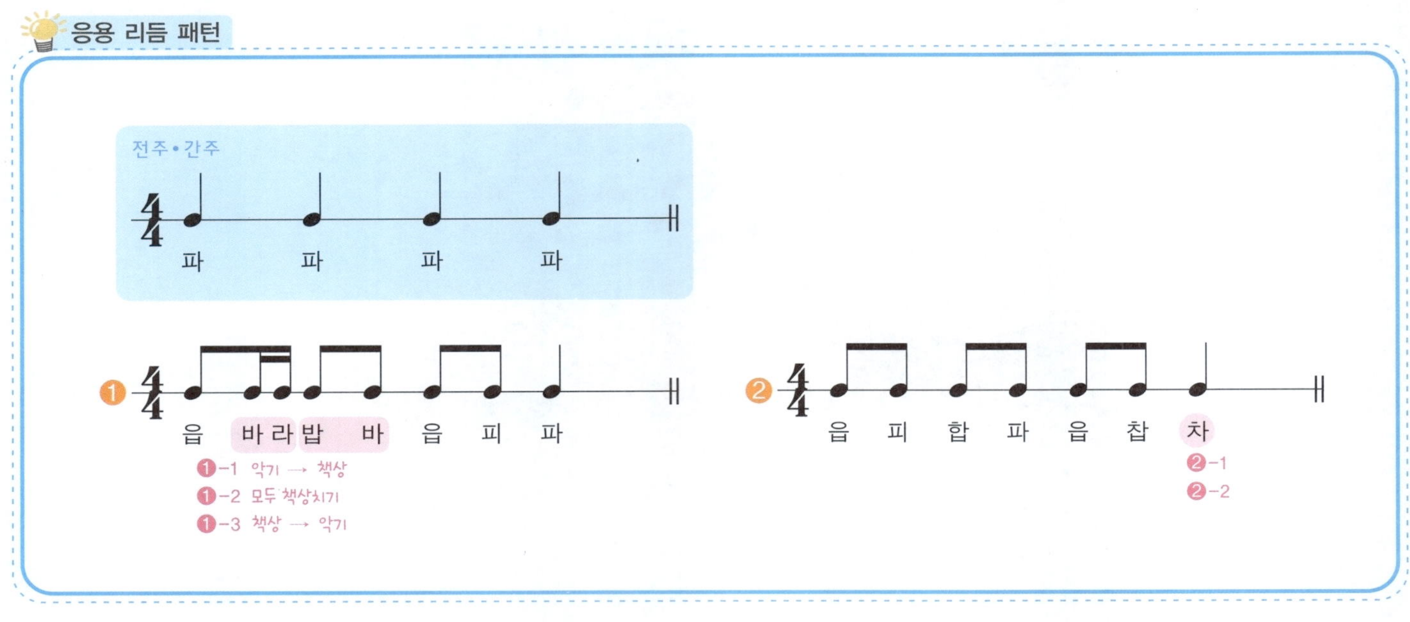

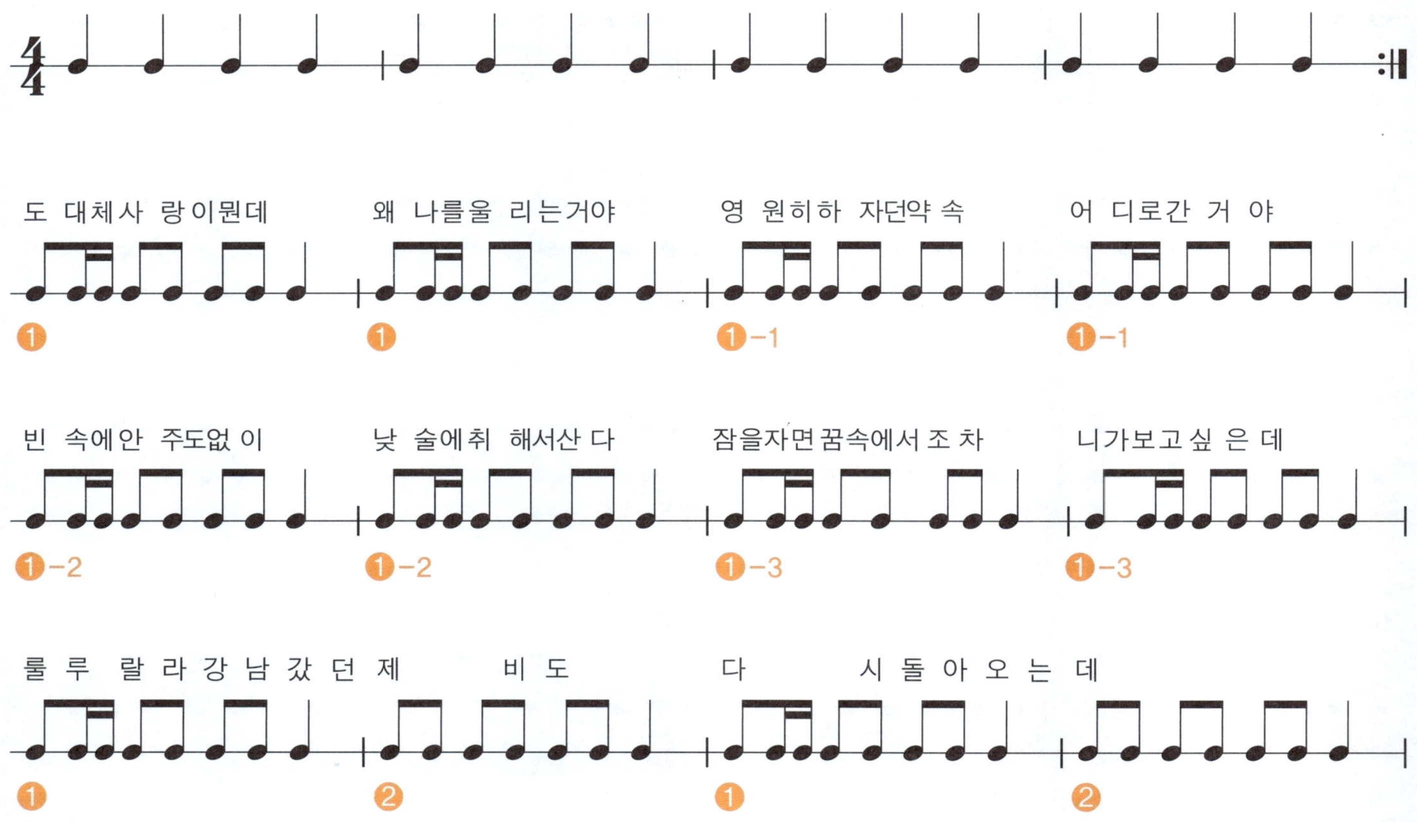

알아두기

• 패턴②의 차는 왼손으로 책상을 비스듬히 친 후 왼손 앞에 컵을 놓고, 패턴②-1은 왼손으로 책상을 친 후 오른쪽 옆사람 앞에, 패턴②-2는 앞사람 앞에 컵을 놓는다.

룰 루 랄 라 날 버 리 고 간   님 은   언   제 돌 아 오 려 나
❶   ❷   ❶   ❷

너 너 무 그 러 지 마 라   그 렇 게 살 지 좀 마 라   별 남 자 있 는 줄 아 냐   다 거 기 서 거 기 다
❶   ❷-1   ❶-1   ❷-1

영 어 로 꼬 시 는 남 자   명 품 을 건 네 는 남 자   너 거 기 혹 하 지 마 라   마 음 만 다 친 다
❶-2   ❷-1   ❶-3   ❷-1

룰 루 랄 라 강 남 갔 던 제   비 도   다   시 돌 아 오 는 데
❶   ❷-2   ❶   ❷-2

룰 루 랄 라 날 버 리 고 간 님 은 언 제 돌 아 오 려 나
1   2-2   1   2-2
새 야새 야 날 아 라 멀 리멀 리 날 아 라 내 마 음 을 싣 고 날 아 라 내 소 식 을 전 해 주 어 라
1   1-1   1-2   1-3
날 아날 아 가 다 가 우 리님 을 만 나 면 내 소 식 을 전 해 주 어 라
1   1-1   1-2   1-3
어 른들하 시 는말 씀 하 나도틀 린게없 어 사 랑이밥 먹 여 주 냐 영원할줄알 았 냐
1   2   1-1   2

나 홀로거 니는이 길
①-2

이 길을 밝 히는달 빛
②

달 빛에머 무는추 억
①-3

내 님이그 리 워
②

룰루 랄라강 남갔던 제
①

비 도
②-2

다 시돌 아 오 는 데
①-1

②-2

룰루 랄 라날버 리고 간
①-3

님 은
②-2

언 제돌 아 오 려 나
①

②-2

룰루 랄 라강 남갔던 제
①-2

비 도
②-3

다 시돌 아 오 는 데
①-2

②-3

룰루 랄 라날버 리고 간
①-3

님 은
②-3

언 제 돌 아 오 려 나
①-3

②-3

코끼리 아저씨

반주 MR

응용 리듬 패턴
바 라

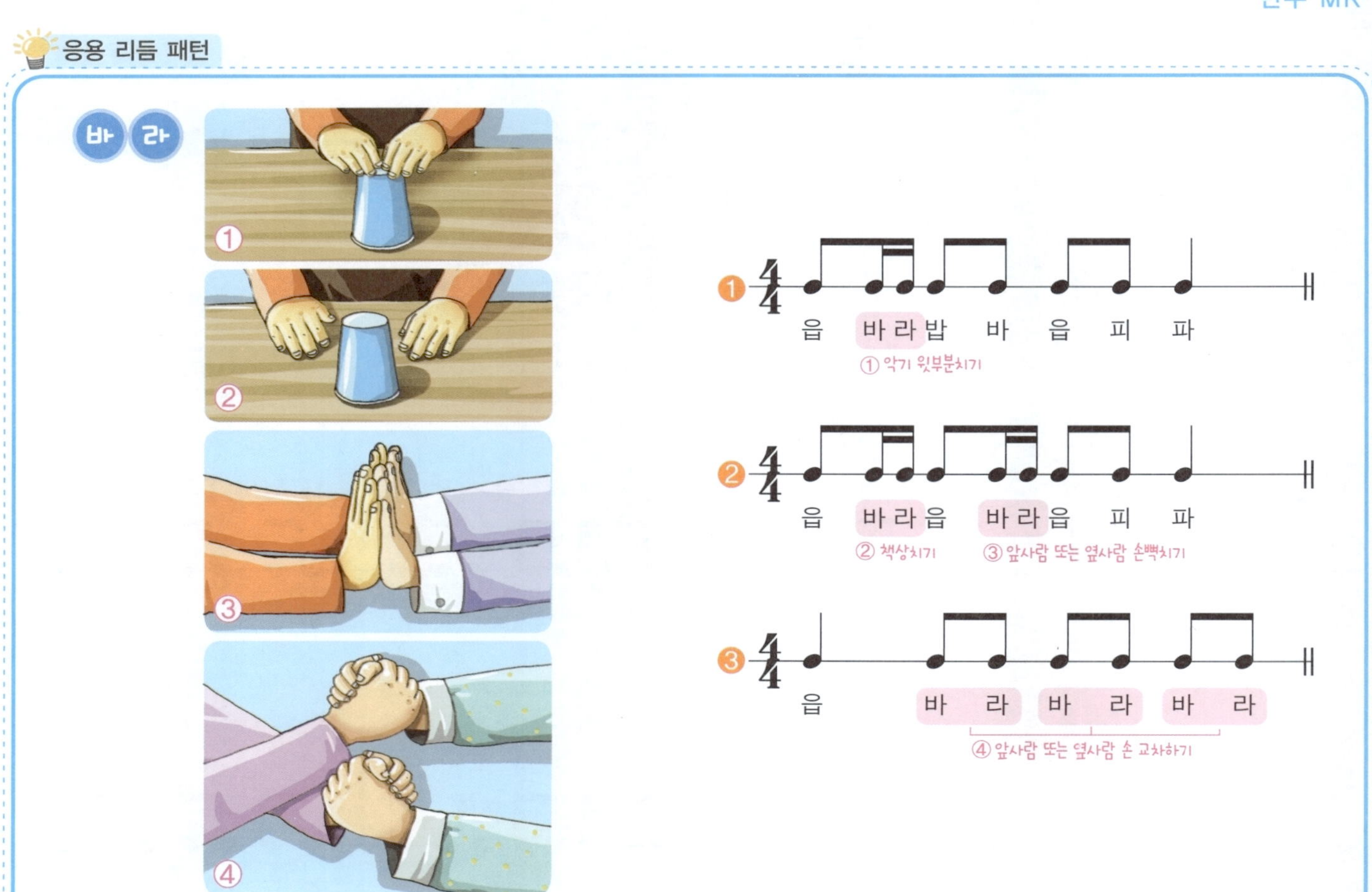

① 읍 바라밥 바 읍 피 파
① 악기 윗부분치기
② 읍 바라읍 바라읍 피 파
② 책상치기   ③ 앞사람 또는 옆사람 손뼉치기
③ 읍 바 라 바 라 바 라
④ 앞사람 또는 옆사람 손 교차하기

화 창한봄날 에 코 끼리아저씨 가
① ② ① ②
가랑 잎타고서 태평 양 건너갈적에 −
① ② ① ②
고 래 아가 씨 코 끼리아저씨보고
① ② ① ②
첫눈 에반 해 스리슬쩍윙크했대요 −
① ② ① ③

응용 리듬 패턴

바 라
합
찹
차
⑤
③-1
4/4
읍 바 라 바 라 바 라
②
⑤ 앞사람 또는 옆사람 손을 교차하여 손뼉치기
④
4/4
읍 피 합 파 읍 찹 차
알아두기
• 패턴❸, ❸-1은 새로운 동작으로 바꿔도 된다.
ex) 몸을 이용하여 허리→어깨→머리 순으로

당 신은육지멋쟁이
❶
나 는 바다이쁜이
❹
❶
❹
천 생 연 분결혼합시 다
❶
어머어머어머어머
❸-1
❸-1
❸-1
예 식 장은용궁예식장
❶
주 례는문어아저씨
❷
❶
❷
피 아 노는오징어
❶
예 물은 조개껍데기
❷
❶
❹

얼굴 찌푸리지 말아요

반주 MR

응용 리듬 패턴

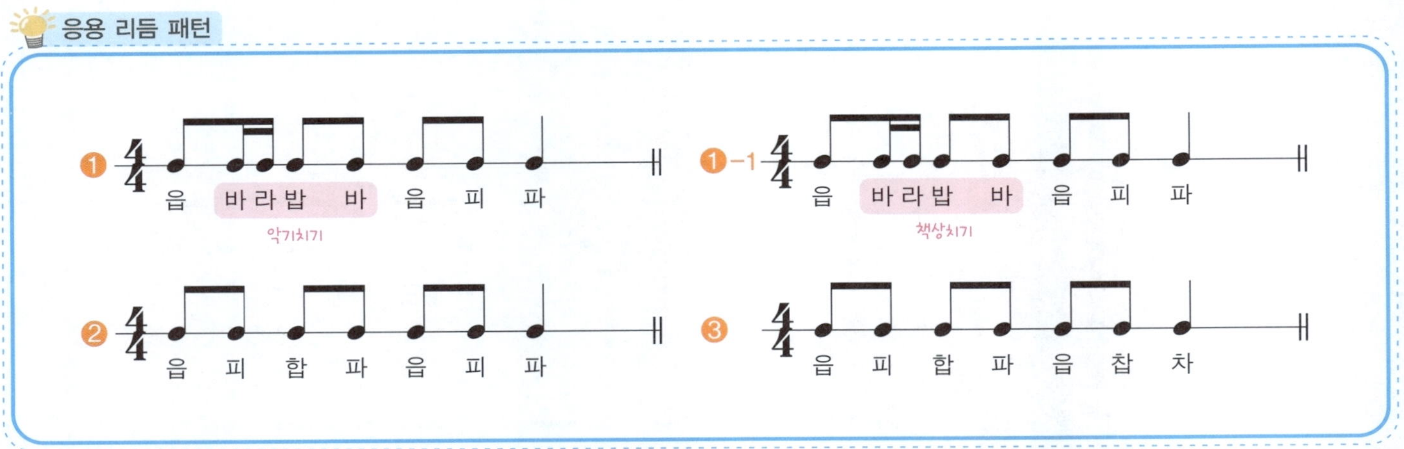
1
4/4
읍 바라밥 바 읍 피 파
악기치기

1-1
4/4
읍 바라밥 바 읍 피 파
책상치기

2
4/4
읍 피 합 파 읍 피 파

3
4/4
읍 피 합 파 읍 찹 차

얼 굴 찌푸리지말아 요 모두가힘 들 잖아요 - 기
4/4
1   2   1   3

뿜 의 그 날위해함께하는 - 친구 들 이 있잖아요 -
1   2   1   3

혼 자 라고느 껴 질때 면 주위를둘 러 보세 요 - 이
1-1   2   1-1   2

렁 게 많은이 들 모두 가 - 나 의친 구 랍니 다 -
1-1   2   1-1   3

알아두기

- 패턴❼이 어려우면 박수치기로 바꿔도 된다.
- ▭는 패턴❷으로 연주해도 된다.

얼 굴 찌푸리지말아 요 모두가힘 들 잖아 요 —   기
① ② ① ③
뺌 의 그날위해함께하는 친구들 이 있잖아요 —
① ② ① ③
혼 자 라고느 껴 질때 면 주위를둘 러 보세 요 —   이
① ② ① ③
렇 게 많은이들 모두 가 나의친 구 랍니 다 —
④ ④ ④ ①–1

당근송

반주 MR

응용 리듬 패턴

읍
① 읍 읍 읍 읍
책상치기
② 바 라 바 라 바 라 바 라
책상치기
②-1 바 라 바 라 바 라 바 라
악기치기 책상치기 악기치기 책상치기
②-2 바 라 바 라 바 라 바 라 바 라 바 라 바 라 바 라

아 아 아 당근 송 나
① ② ②-1 ②-2
보고 싶니 당근 나 생각 나니 당근 I love you you love me 당근 당근 당근 나
③ ③ ④ 읍 - 양손으로 상하좌우 찌르기(그림참고)
좋아 하니 당근 나 사랑 하니 당근 I love you you love me 당근 당근 당근 너
③ ③ ④ 읍

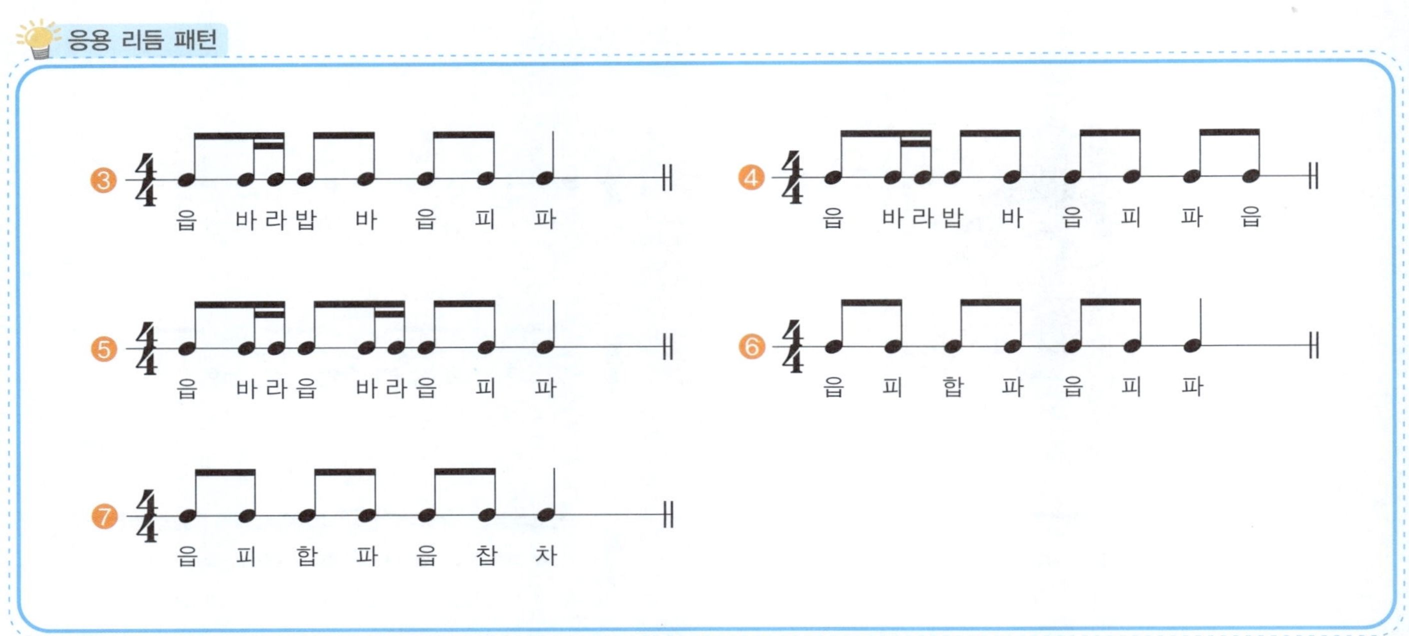

③ 읍 바라밥 바 읍 피 파
④ 읍 바라밥 바 읍 피 파 읍
⑤ 읍 바라읍 바라읍 피 파
⑥ 읍 피 합 파 읍 피 파
⑦ 읍 피 합 파 읍 찹 차

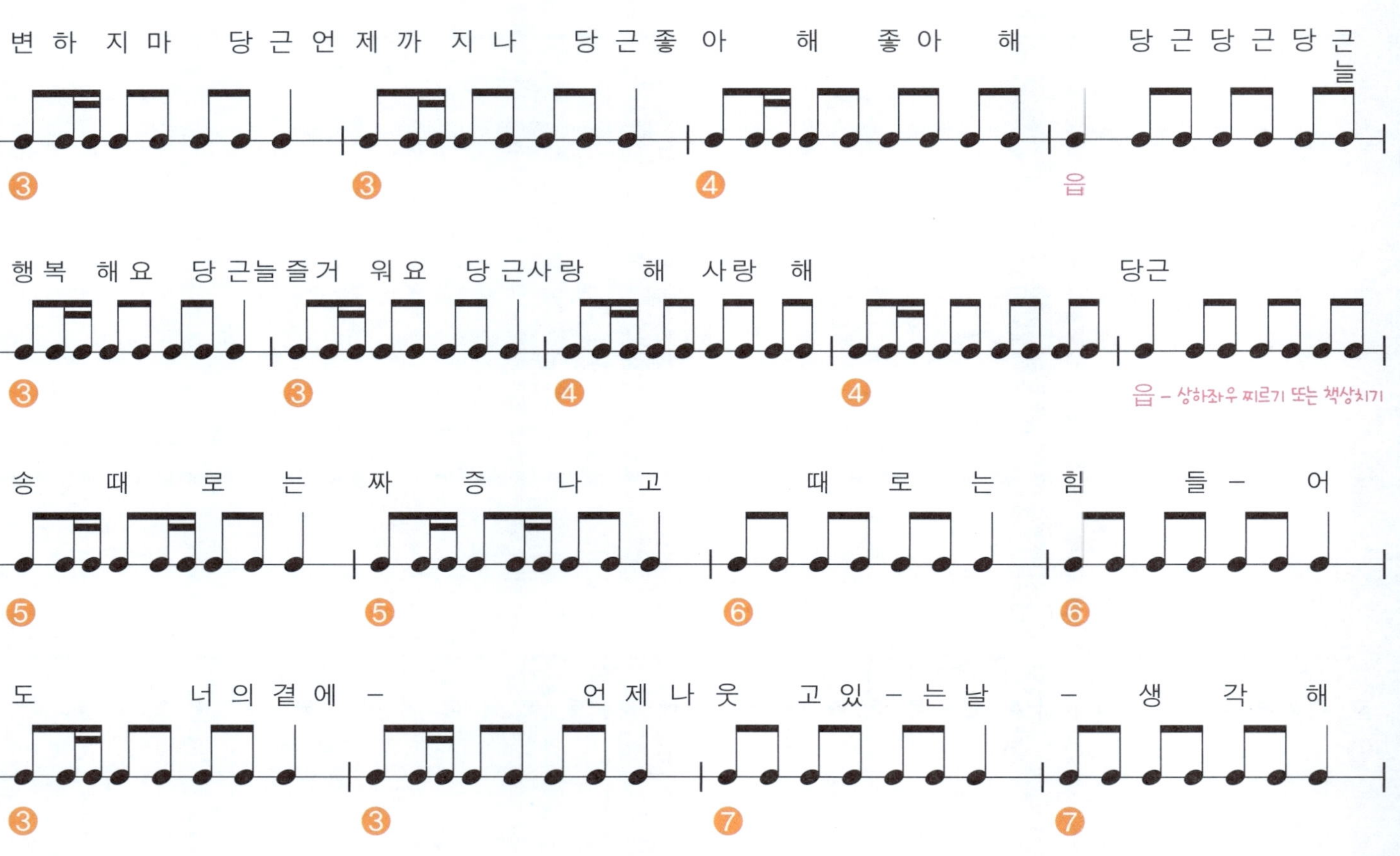

변 하 지 마 당 근 언 제 까 지 나 당 근 좋 아 해 좋 아 해 당 근 당 근 당 근 늘
③ ③ ④ 읍
행 복 해 요 당 근 늘 즐 거 워 요 당 근 사 랑 해 사 랑 해 당 근
③ ③ ④ ④
읍 - 상하좌우 찌르기 또는 책상치기
송 때 로 는 짜 증 나 고 때 로 는 힘 들 어
⑤ ⑤ ⑥ ⑥
도 너 의 곁 에 언 제 나 웃 고 있 는 날 생 각 해
③ ③ ⑦ ⑦

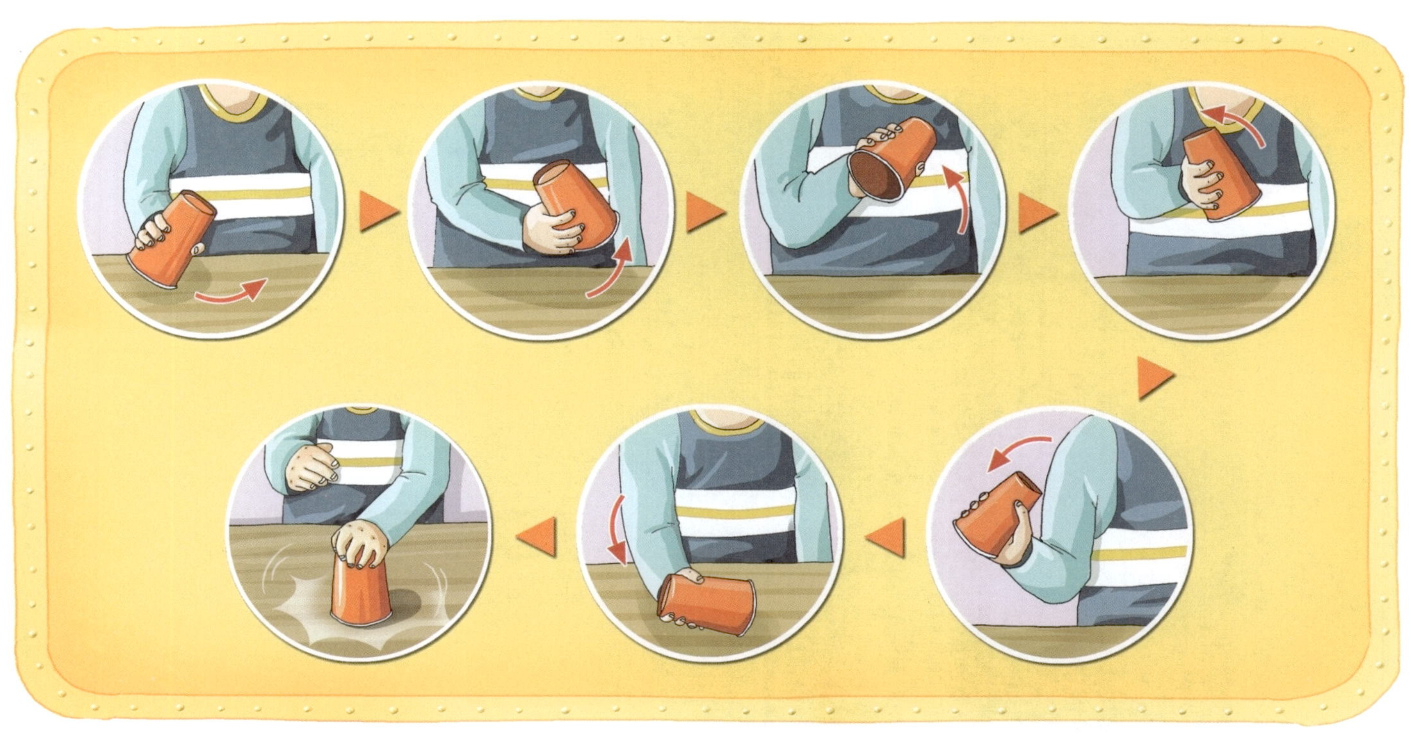

는 그림을 참고하여 컵을 흔들면서 원으로 돌리다가 '송'에 로 책상을 친다.

독도는 우리땅 ··· 컵 1~2개 사용

응용 리듬 패턴

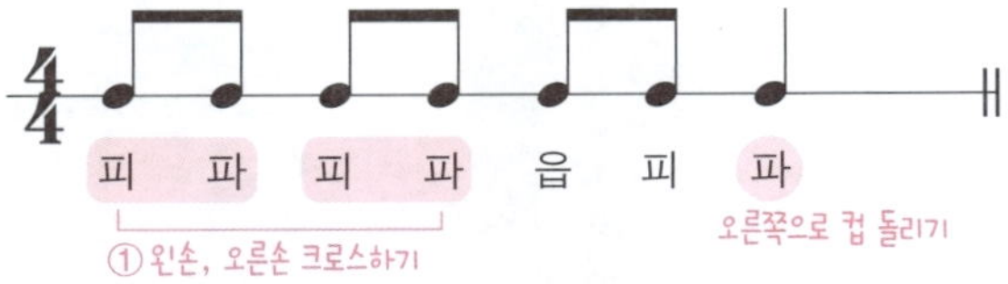

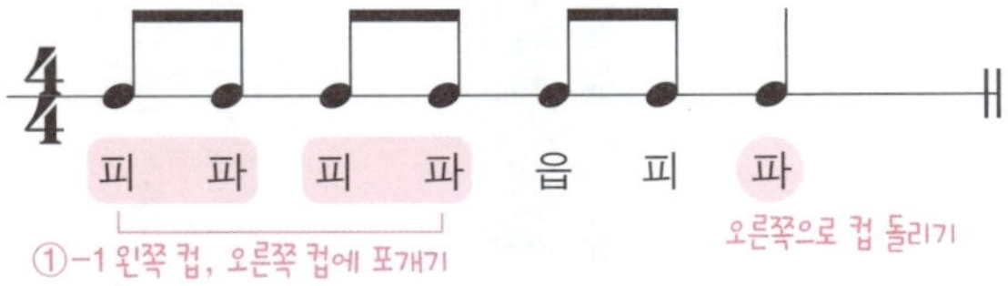

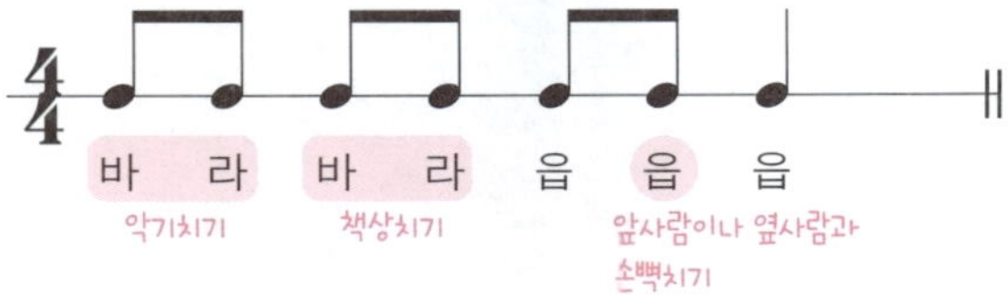

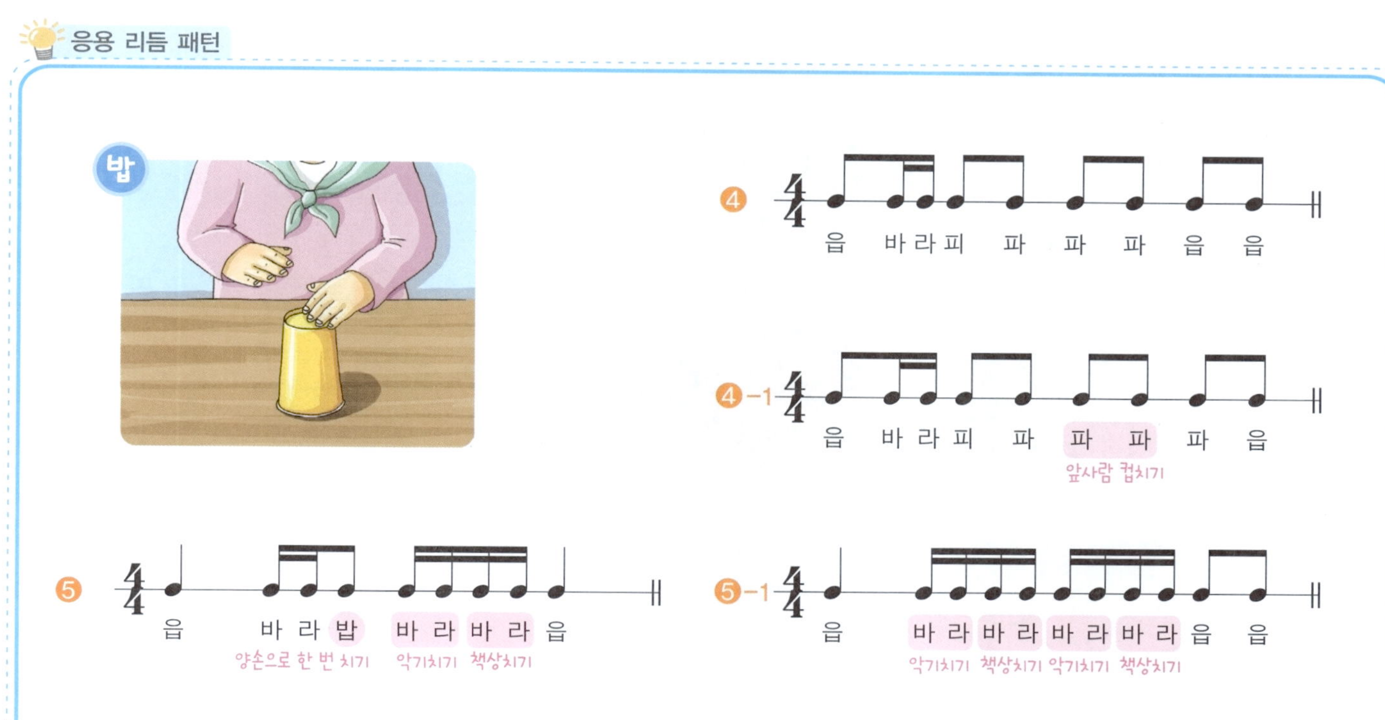
밥
④ 4/4 읍 바라피 파 파 파 읍 읍
④-1 4/4 읍 바라피 파 파 파 파 읍
앞사람 컵치기
⑤ 4/4 읍 바라밥 바라바라 읍
양손으로 한 번 치기 악기치기 책상치기
⑤-1 4/4 읍 바라 바라 바라 바라 읍 읍
악기치기 책상치기 악기치기 책상치기
⑥ 4/4 읍 바라밥 바 읍 피 파
⑦ 4/4 읍 피 합 파 읍 찹 차
왼쪽으로 컵 돌리기

평균기온 십이도
강수량은 천삼백
독 도는우리 땅 (우리땅)
③ ③ ③ ③
오징어 꼴뚜기
대구 명태 거북이
연어알 물새알
해녀 대합실
④ ④ ④ ④
십칠만 평방미터
우물 하나분화구
독 도는우리 땅 (우리땅)
④-1 ④-1 ④-1 ④-1

대한민국
독도
JAP

지증왕　　십 삼 년　섬나라　우 산 국　세종실록지리지　오십페이지셋 째 줄
⑤　　　　　　⑤　　　　　　⑤　　　　　　⑤

하와이 는 미국 땅　대마도 는 일본 땅　독 도 는 우　리　땅 (우 리 땅)
⑤-1　　　　⑤-1　　　　⑤-1　　　　⑤-1

러 일 전쟁직후에　임 자 없 는섬이라 고　억 지 로　우 기 면　정 말 곤 란 해
⑥　　　　　　⑦　　　　　　⑥　　　　　　⑦

신 라 장 군 이사부　지 하 에 서 웃 는 다　독　도 는우리　땅 (우 리 땅)
⑥　　　　　　⑦　　　　　　⑥　　　　　　⑦

꿍따리 샤바라

응용 리듬 패턴

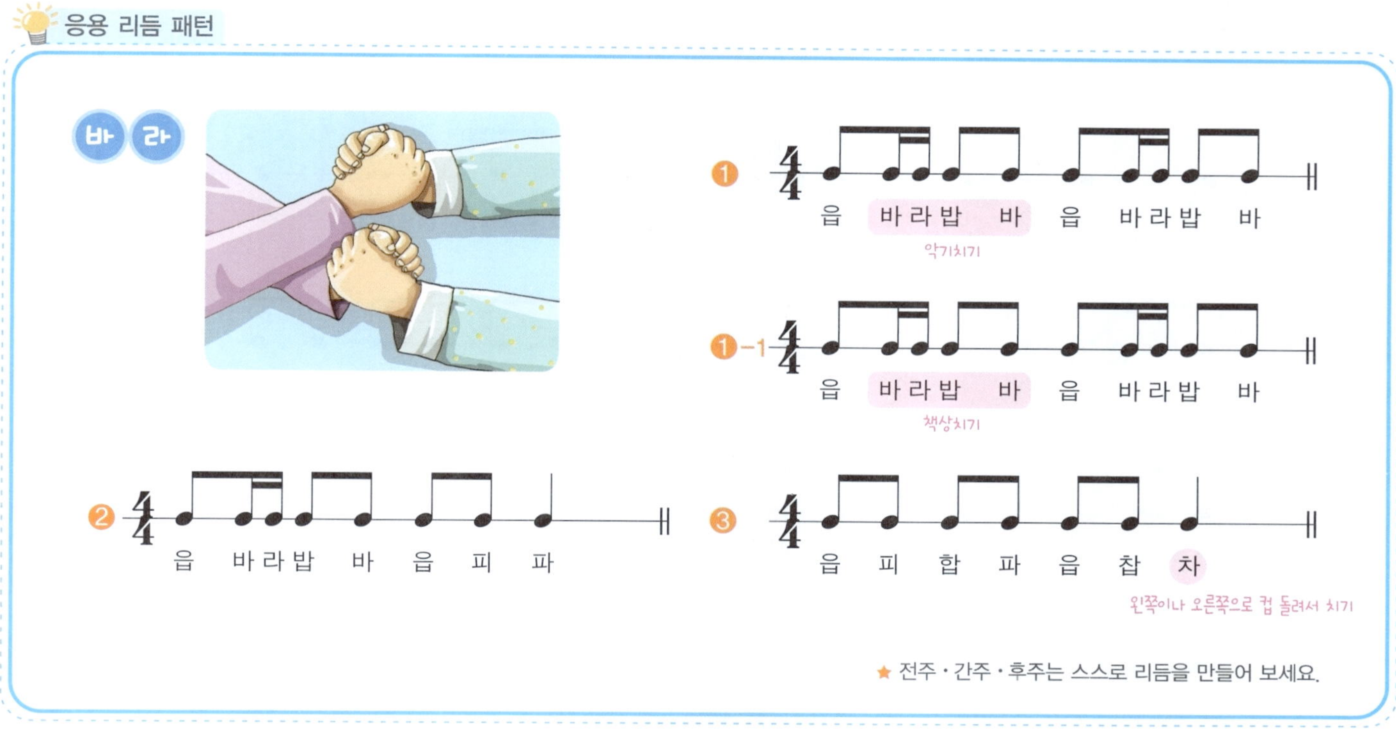

마음 이울적하 고답 답할 때 산으 로올 라가소릴 한번 질러 봐 나처
① ①-1 ① ①-1

럼 이렇－게 가 슴 을펴－고 꿍 따리 샤 바 라 빠 － 빠 빠 － 빠
① ② ③ ④

누구 나세상을 살다 보며 는 마음 먹은 대로되지 않을 때도 있어 그럴
① ①-1 ① ①-1

땐 나 처－럼 노 랠 불러－봐 꿍 따리 샤 바 라 빠 － 빠 빠 － 빠
① ② ③ ④

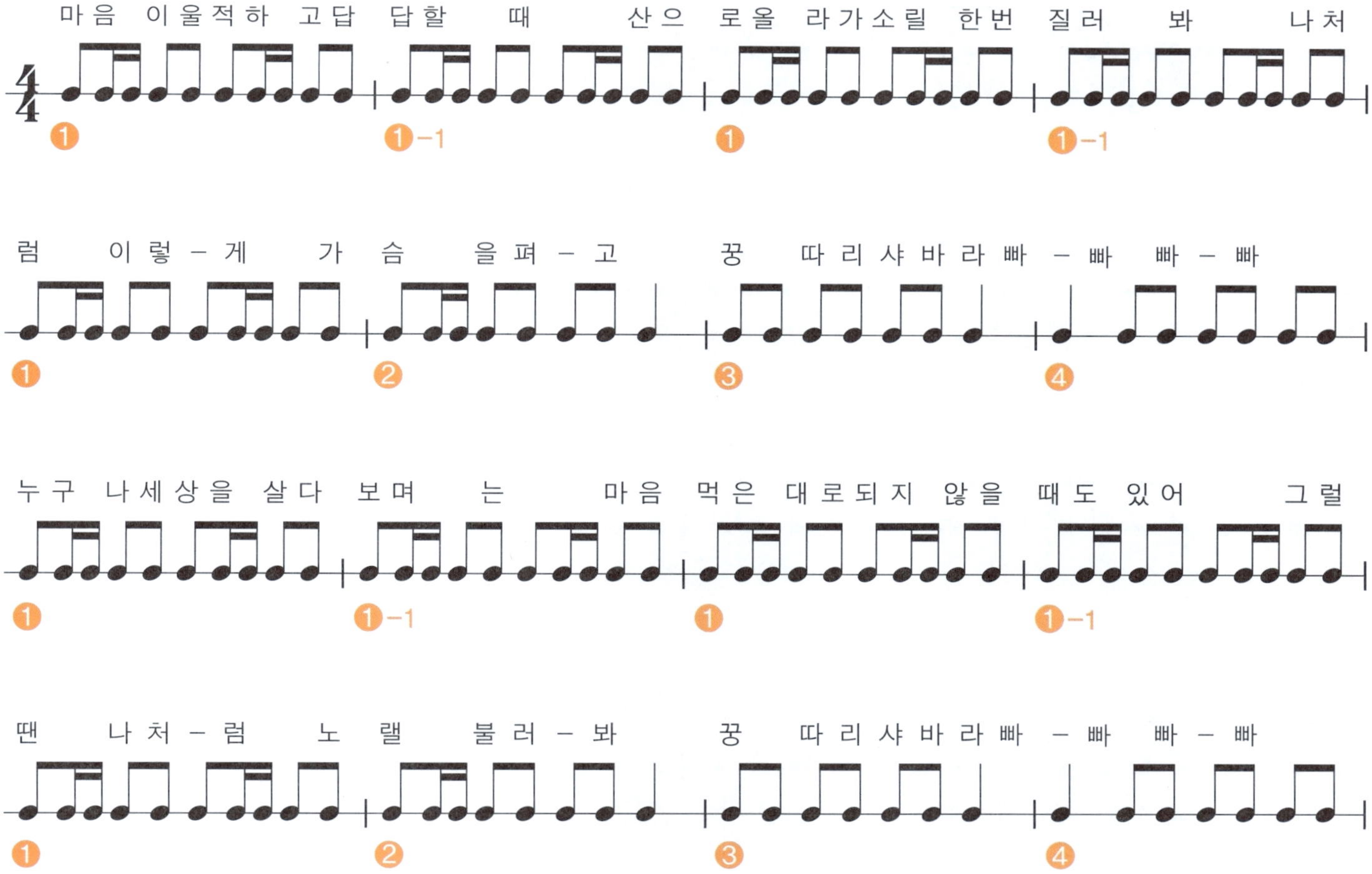

응용 리듬 패턴

④ 읍 바 라 바 라 바 라
앞사람이나 옆사람과 거미줄타기(그림참조)
⑤ 읍 피파 파 파 읍
⑤-1 읍 피파 파 파 파 읍
앞사람 컵을 부딪히기
⑥ 피 파 피 파 읍 피 파 읍
⑥-1 피 파 피 파 읍 피 파 읍
왼손, 오른손 크로스해서 두드리기
⑦ 읍 바 라 바 라 바 라
왼손, 오른손 상하좌우 찌르기

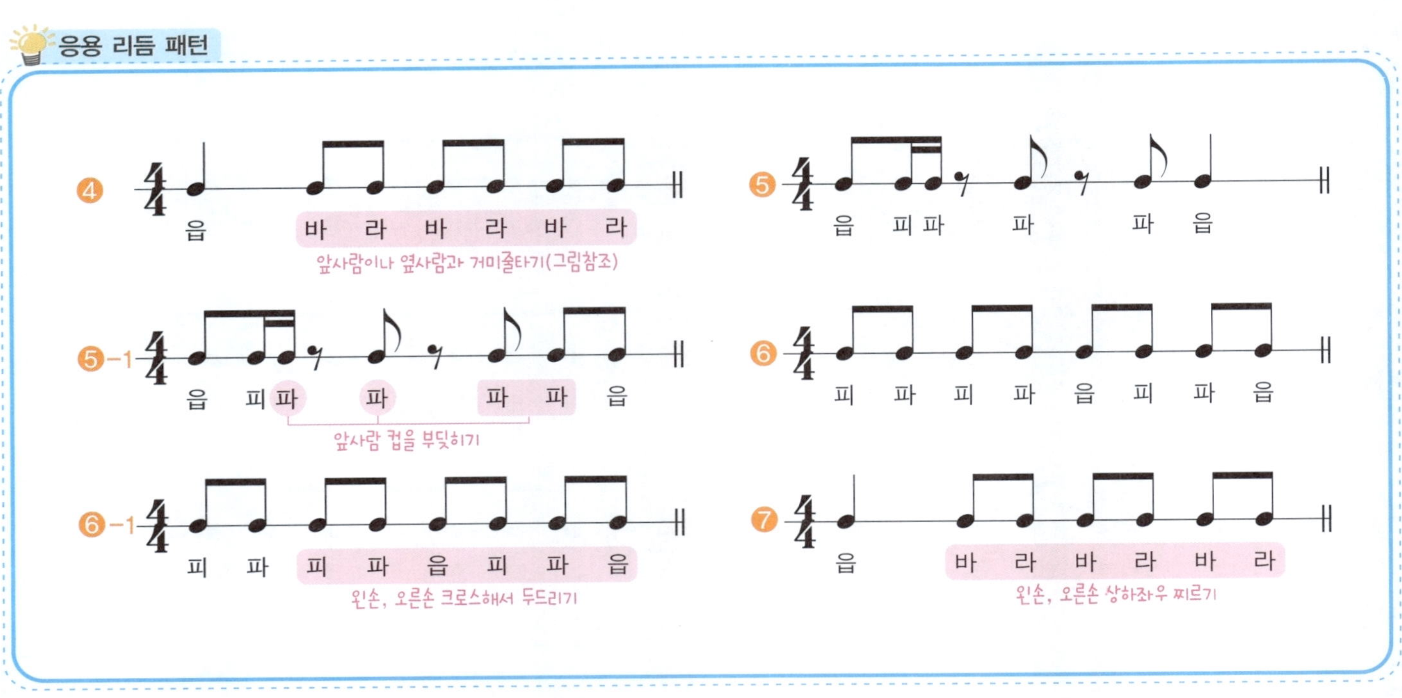

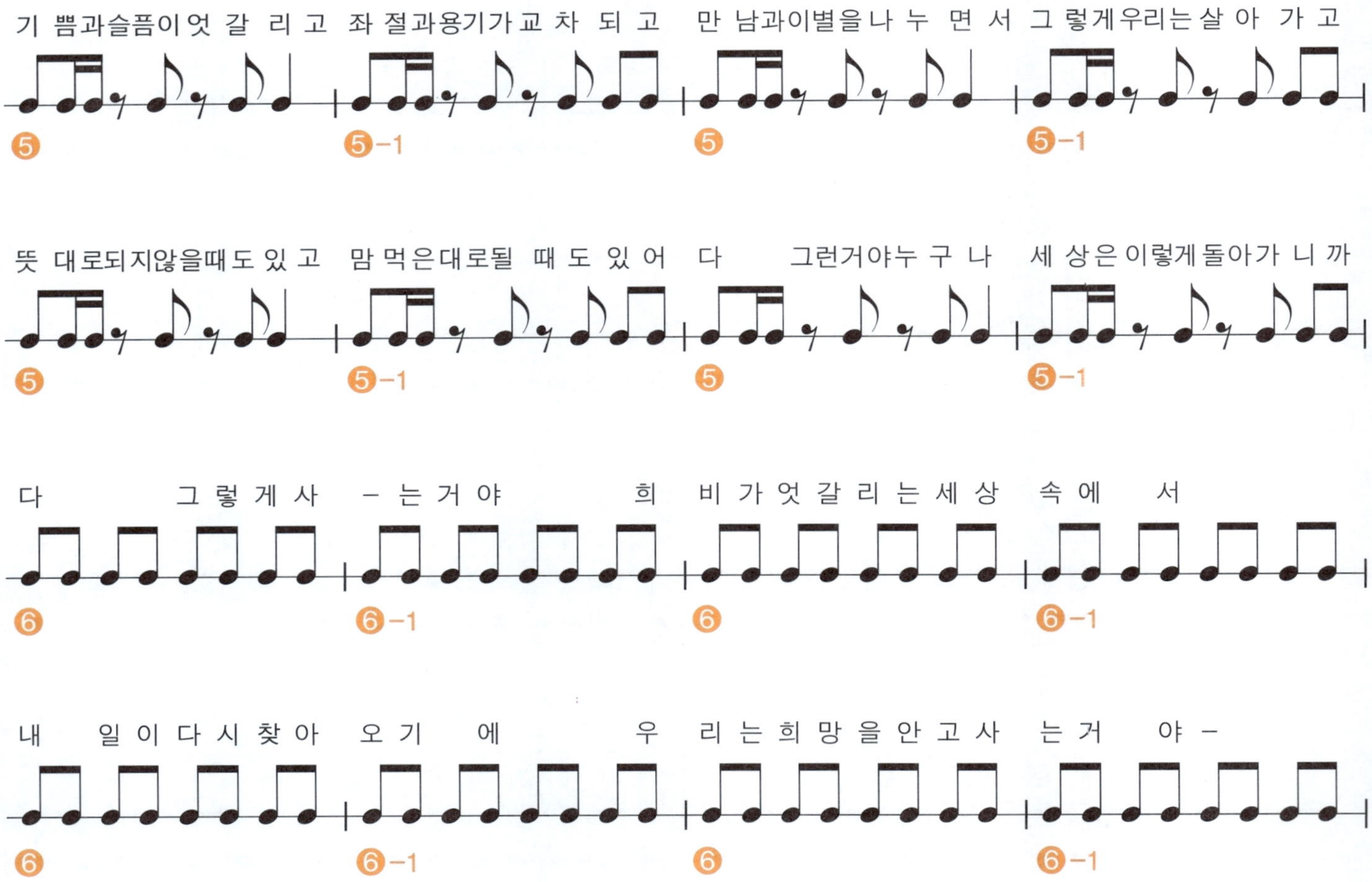

기 쁨과슬픔이 엇 갈 리 고 좌 절과용기가 교 차 되 고 만 남과이별을 나 누 면 서 그 렇게 우리는 살 아 가 고
⑤ ⑤-1 ⑤ ⑤-1
뜻 대로되지않을때 도 있 고 맘 먹은대로될 때 도 있 어 다 그런거야 누 구 나 세 상은 이렇게 돌아가 니 까
⑤ ⑤-1 ⑤ ⑤-1
다 그 렇 게 사 - 는 거 야 희 비 가 엇 갈 리 는 세 상 속 에 서
⑥ ⑥-1 ⑥ ⑥-1
내 일 이 다 시 찾 아 오 기 에 우 리 는 희 망 을 안 고 사 는 거 야 -
⑥ ⑥-1 ⑥ ⑥-1

마음 대로 일이 되지 않을 때 하던 일을 멈추고 여 행을 떠나 봐 바다
를 찾아 - 가 소 릴 질러 - 봐 꿍 따 리 샤 바 라 빠 - 빠 - 빠 - 빠
꿍 따 리 샤 바 라 빠 - 빠 빠 빠 빠 빠 - 빠 빠 빠 빠 빠
꿍 따 리 샤 바 라 빠 - 빠 빠 빠 빠 빠 - 빠 빠 빠 빠 빠
읍(만세)

Roly Poly

💡 응용 리듬 패턴

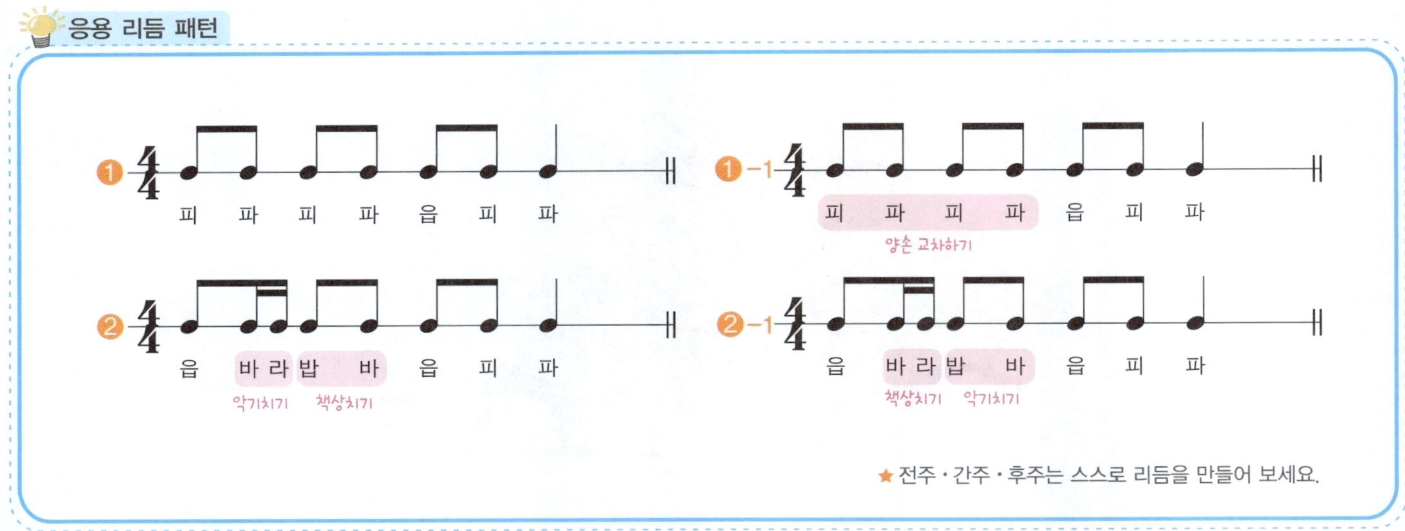

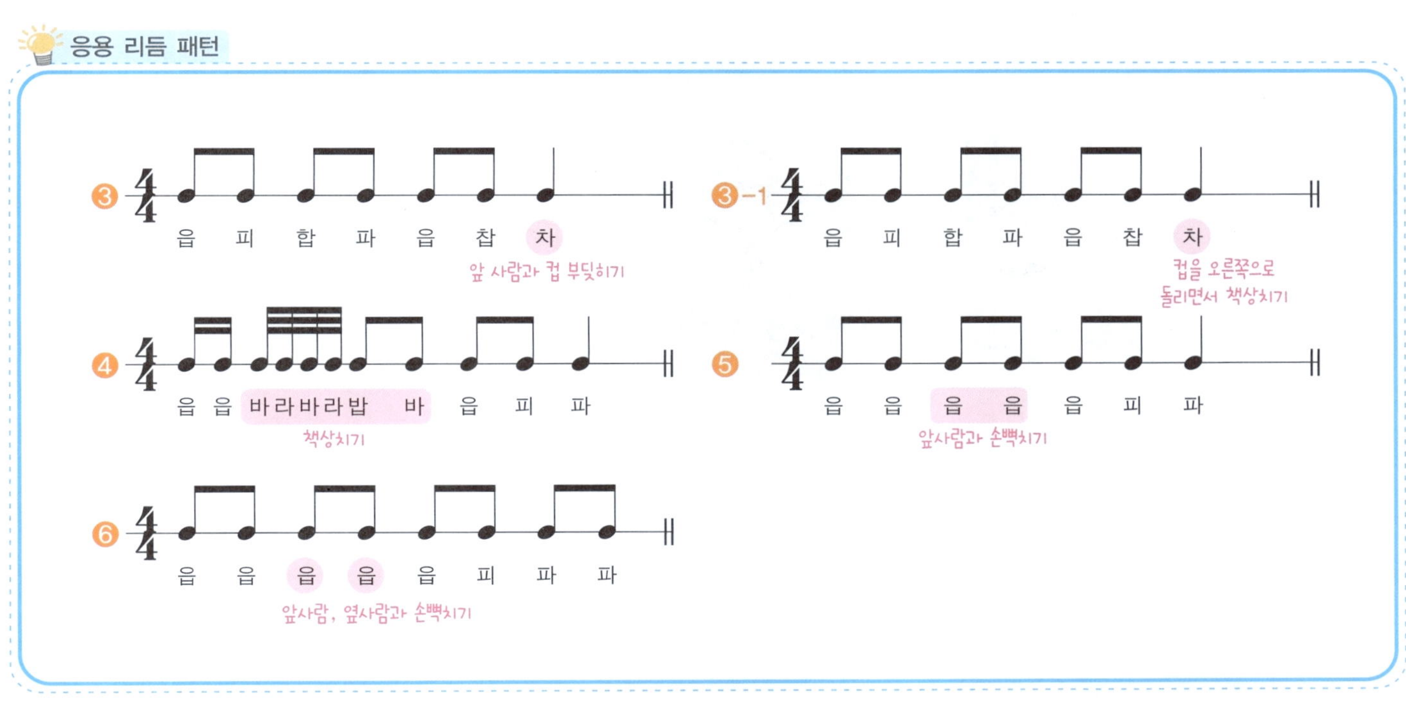

알아두기

• 첫째단 마지막 마디 'I like you' 일곱째단 마지막 마디 '줄거야' 다음 Roly Poly 춤추기

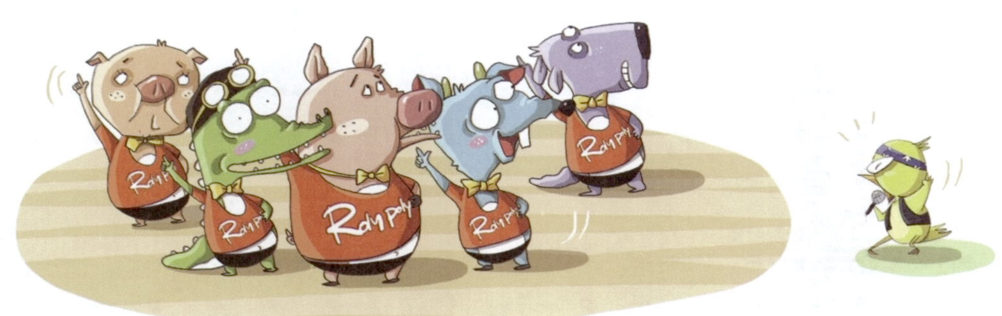

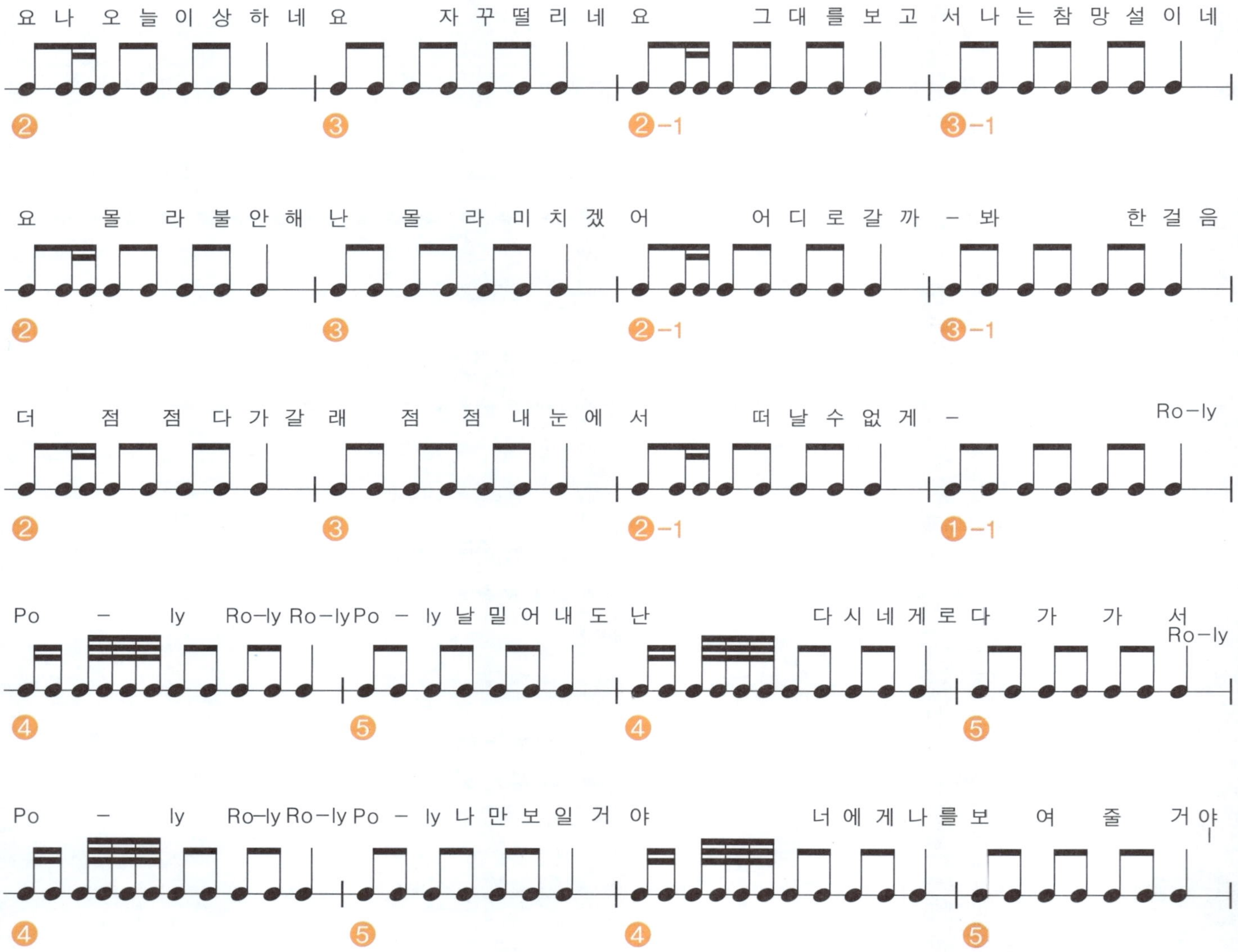
요 나 오 늘 이 상 하 네 요 자 꾸 떨 리 네 요 그 대 를 보 고 서 나 는 참 망 설 이 네
2 3 2−1 3−1
요 몰 라 불 안 해 난 몰 라 미 치 겠 어 어 디 로 갈 까 − 봐 한 걸 음
2 3 2−1 3−1
더 점 점 다 가 갈 래 점 점 내 눈 에 서 떠 날 수 없 게 − Ro−ly
2 3 2−1 1−1
Po − ly Ro−ly Ro−ly Po − ly 날 밀 어 내 도 난 다 시 네 게 로 다 가 가 서 Ro−ly
4 5 4 5
Po − ly Ro−ly Ro−ly Po − ly 나 만 보 일 거 야 너 에 게 나 를 보 여 줄 거 야
4 5 4 5

li-ke li-ke this I li-ke li-ke that I like this like that yeah Ro-ly
6 6 6 6

Po — ly Ro-ly Ro-ly Po — ly 날 밀어 내도 난 다시 네게로 다 가 가 서
Ro-ly
4 5 4 5

Po — ly Ro-ly Ro-ly Po — ly 나 만 보일 거야 너에게 나를 보 여 줄 거야
4 5 4 5

Ah Ah Ah Ah To-night 시 간 이 된 거 야 내게로 올 거야 Oh To-night
2 3 2 3

Ah Ah Ah Ah To-night 널 기 다 릴 거 야 너 도 날 놓치 기 싫 을 거 야
2 3 2 3

월드컵송

반주 MR

응용 리듬 패턴

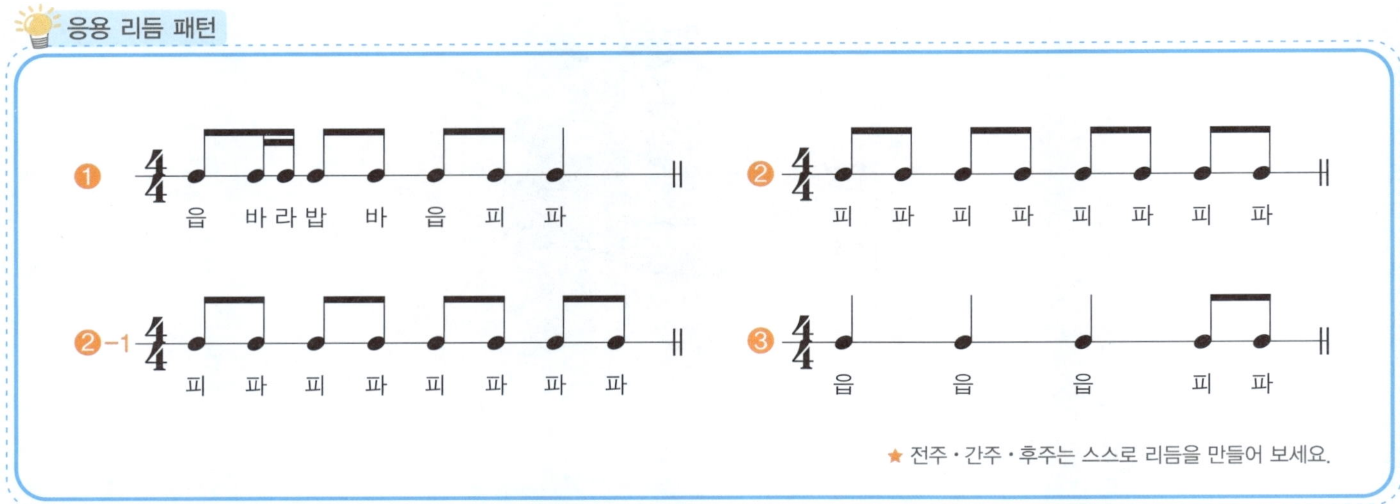

① 4/4 읍 바라밥 바 읍 피 파
② 4/4 피 파 피 파 피 파 피 파
②-1 4/4 피 파 피 파 피 파 파 파
③ 4/4 읍 읍 읍 피 파
★ 전주 · 간주 · 후주는 스스로 리듬을 만들어 보세요.

한 국 의 전 - 사 들 이 나 간 다 다 - 함 께 야 야야 - 야
동 방 의 횃 - 불 들 이 모 였 다 다 - 함 께 야 야야 - 야
모 두 다 힘 - 을 모 아 하 나 로 뭉 - 쳐 서 야 야야 - 야
동 방 의 백 - 의 민 족 기 상 을 높 - 여 라 야 야야 - 야 붉은태

- 　는 패턴❷으로 연주해도 된다.
- 여럿이 함께 연주할 때 패턴❷에서 ㅍ, ㅍ는 악기를 앞사람이나 옆사람으로 옮겨서 두드려도 된다.

K O R E A 코 리 아 파이팅 yeah yeah

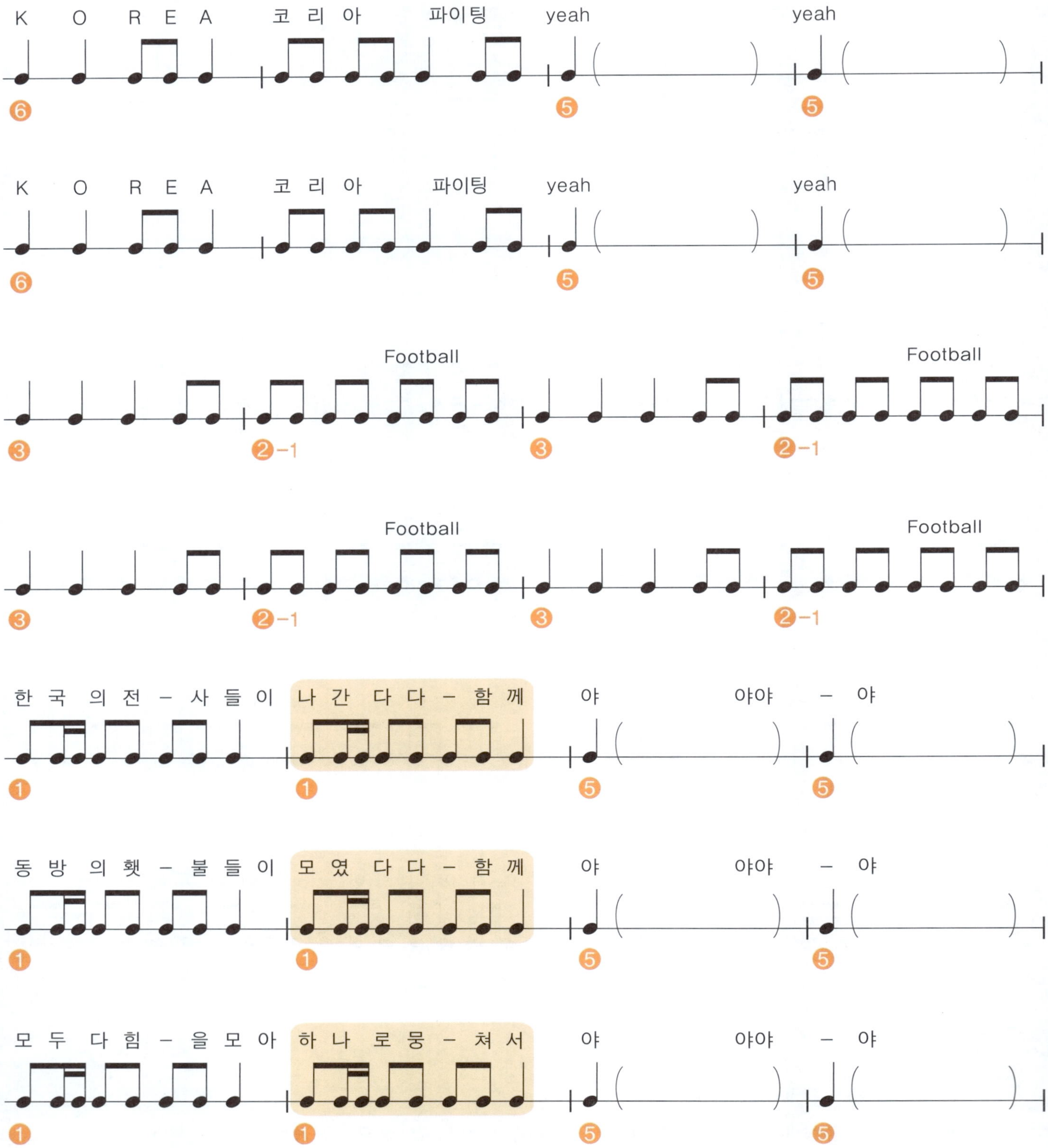

K O R E A 코 리 아 파이팅 yeah yeah

Football Football

Football Football

한국의전 – 사들이 나간 다 다 – 함께 야 야야 – 야

동방의횃 – 불들이 모였 다 다 – 함께 야 야야 – 야

모두 다힘 – 을모아 하나 로뭉 – 쳐서 야 야야 – 야

동 방 의 백 - 의 민 족
기 상 을 높 - 여 라
야
야야 - 야
붉은태
양
단 군 의 후 - 예 가 나 - 간 다 모 두 다 길 을 비 켜 - 라
붉 은 전
사
태 극 기 휘 - 날 리 - 면 서
한 국 의 기 상 을
세 계 에 떨 쳐 라 Ko-
re - a 아 리 아 리 랑
oh 에 헤 야 디 - 야
oh 어 허 야 디 - 야 Ko-
re - a 아 리 아 리 랑
oh 에 헤 야 디 - 야
oh 어 허 야 디 - 야 Ko-
re - a 아 리 아 리 랑
oh 에 헤 야 디 - 야
oh 어 허 야 디 - 야 Ko-
re - a 아 리 아 리 랑
oh 에 헤 야 디 - 야
oh 어 허 야 디 - 야

옵바라밥바~
신나는 리듬 컵타

만들어봐요!
컵타 리듬

리듬 패턴을 응용하여 컵타 완성하기!

박진영 작사
박진영, 이우석 작곡

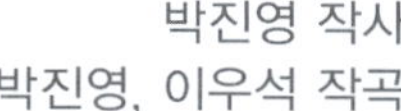

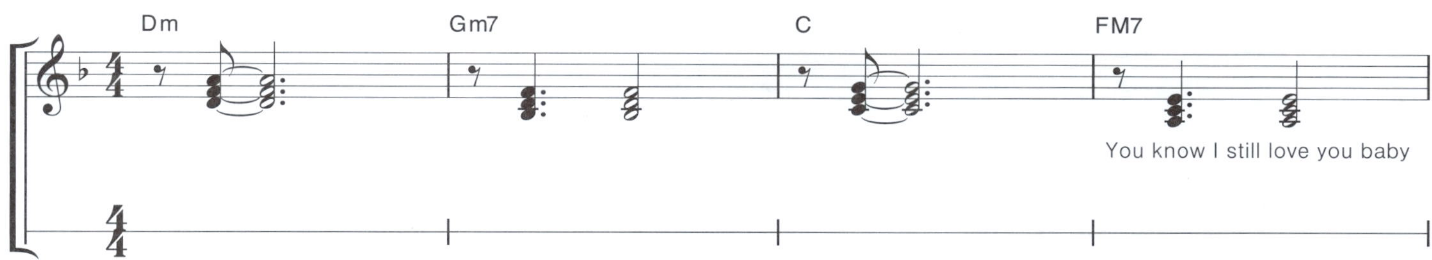

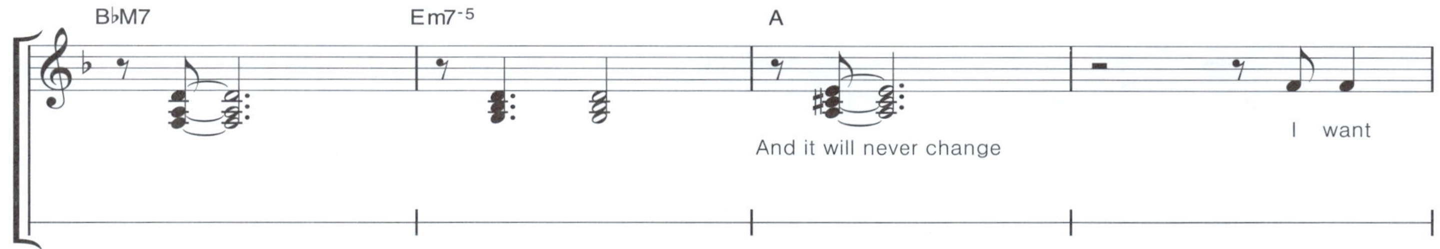

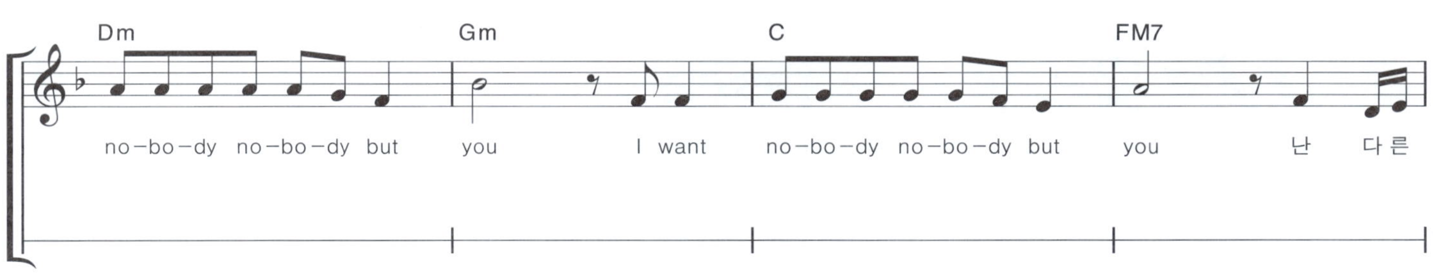

Dm   Gm   C   FM7
난 싫은은 - 데 왜 날 밀어 - 내 려 고 하 니 자 - 꾸 내 말 은 듣 지 않 - 고
난 좋은은 - 데 난 행 복 한 - 데 너 만 있 으 면 - 돼 더 바 랄 게 없 는 - 데 누

BbM7   Edim   A   /C#
왜 이렇 - 게 다 른 남 자 에 - 게 날 보 내 려 하 - 니 어 떻 게 이 러 - 니
굴 만 나 - 서 행 복 하 란 거 - 야 난 널 - 떠 나 - 서 행 복 할 수 없 - 어

Dm   Gm   C   FM7
날 위 해 그 렇 단 그 말 - - -   넌 부 족 하 다 는 그 말 - - -   이
말

BbM7   Edim   A   /C#
제 그 만 해 - 넌 나 를 알 잖 아 - 왜 원 하 지 도 않 는 걸 강 요 해   I want
이 안 되 는 - 말 이 란 걸 왜 몰 - 라 네 가 없 이 어 떻 게 행 복 해

Dm   Gm   C   FM7
no-bo-dy no-bo-dy but   you   I want   no-bo-dy no-bo-dy but   you   난 다른

BbM7   Edim   A   A/C#
사 람 은 싫 어 네 가 아 니 면 싫 어 I want no-bo-dy no-bo-dy no - bo-dy no-bo-dy
I want

Dm   Gm   C   FM7
no-bo-dy no-bo-dy but   you   I want   no-bo-dy no-bo-dy but   you   난 다른
B♭M7   Edim   A   A/C♯
사 람 은 싫 어 네 가 아 니 면 싫 어   I want   no-bo-dy no-bo-dy   no-bo-dy no-bo-dy
Dm   Gm   C   FM7
I don't want no - bo-dy bo-dy   I don't wnat no - bo-dy bo-dy
B♭M7   Edim   A   A/C♯   B♭7   D.S. al Coda
난 정 말 - - 네 가 아 니 면 - - 네 가 아 니 면 - 싫 단 말 야 - - -   - I want
Dm   Gm7
back to the days when we   were so young and wild and free   모 든 게 너   무 나 꿈 만 같 았 던 그 때 로 돌아가고싶 은 데
C   F
왜 자꾸나를밀어내 려 해   why do you push me a-way   I don't want no-bo-dy no-bo-dy no-bo-dy no-bo-dy but   you

강남스타일 ··· 싸이

반주 MR
싸이 작사
싸이, 유건형 작곡

오 빠 강 남스타일

강 남스타일

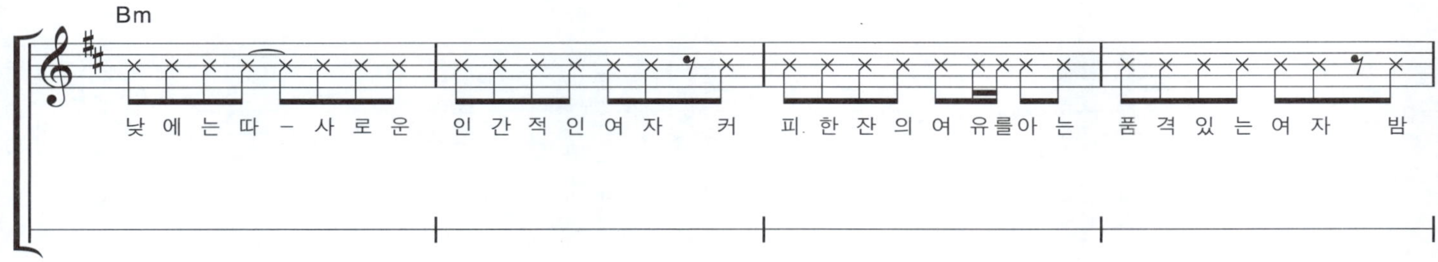

낮 에는 따 ― 사 로 운 인 간 적 인 여 자 커 피 한 잔 의 여 유 를 아 는 품 격 있 는 여 자 밤

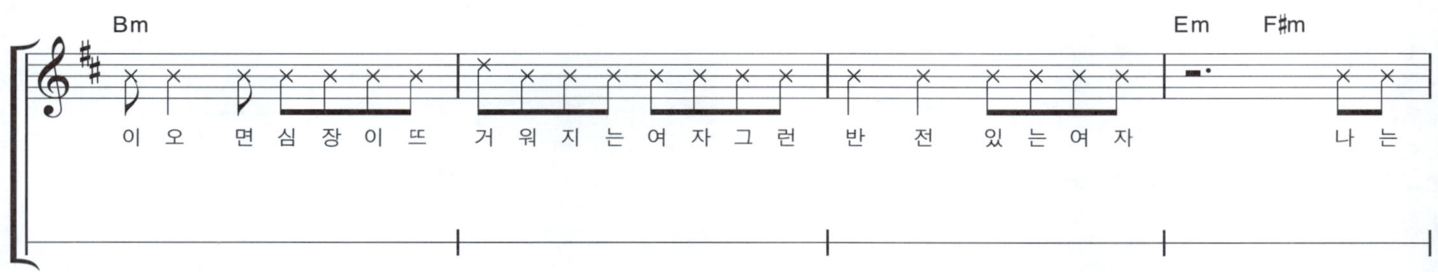

이 오 면 심 장 이 뜨 거 워 지 는 여 자 그 런 반 전 있 는 여 자 나 는

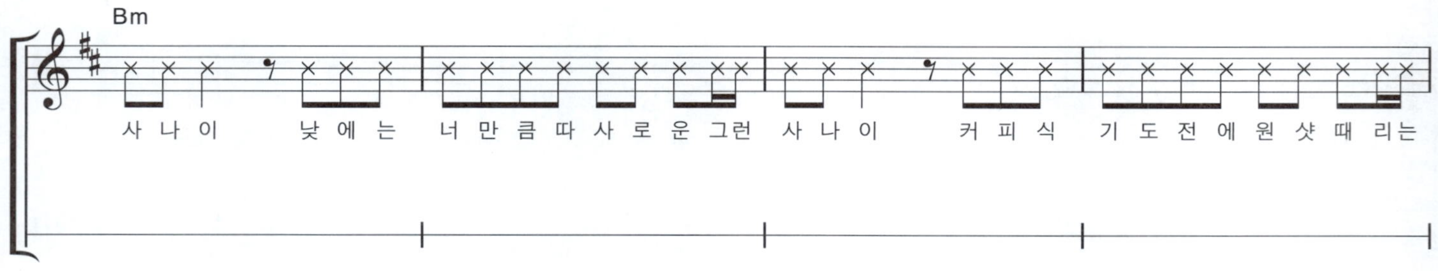

사 나 이 낮 에 는 너 만 큼 따 사 로 운 그 런 사 나 이 커 피 식 기 도 전 에 원 샷 때 리 는

사 나 이 밤 이 오 면 심 장 이 터 져 버 리 는 사 나 이 그 런 사 나 이 아 름
다 워 사 랑 스 러 워 — 그 래 너 hey 그 래 바 로 너 hey 아 름
다 워 사 랑 스 러 워 — 그 래 너 그 래 바 로 너 지 금
부 터 갈 때 까 지 가 볼 까 아 아 아 아 — — — — — — — — — — — — — 아
오 빠 강 남 스 타 일 uh 강 남 스 타 일 옵 옵 옵 옵 오 빠 강 남 스 타 일

Bm   Em   F#m
uh   강 남 스타일 옵   옵 옵 옵   오 빠 강 남 스타일

Bm
eh   se-xy la-dy 옵   옵 옵 옵   오 빠 강 남 스타일

Bm   Em   F#m
eh   se-xy la-dy 옵   옵 옵 옵 eh eh-eh eh eh-eh

1. Bm
정 숙-해 보이지만 놀 땐 노 는 여 자 이 때 다 싶 으 면 묶 었 던 머 리 푸 는 여 자 가

Bm   Em   F#m
렸 지만 웬 만 한 노 출 보 다 야 한 여 자 그런 감 각 적 인 여 자   나 는

Bm
사 나 이 점 잖 아 보 이 지 만 놀 땐 노 는 사 나 이 때 가 되 면 완 전 - 미 쳐 버 리 는

Bm
사 나 이 근 육 보 다 사 상 이 울 퉁 불 퉁 한 사 나 이 그 런 사 나 이
Em   F#m
아 름

2. Bm
뛰 는 놈 그 위 에 나 는 놈 ba-by ba-by 나 는 뭘 좀 아 는 놈

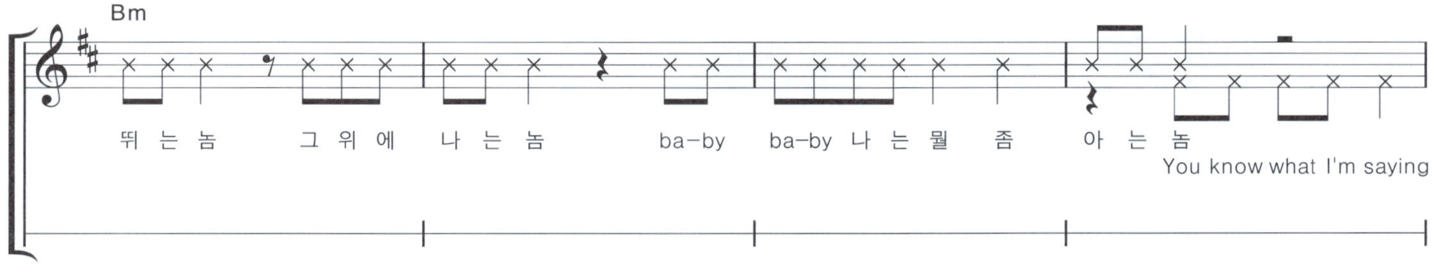
Bm
뛰 는 놈 그 위 에 나 는 놈 ba-by ba-by 나 는 뭘 좀 아 는 놈
You know what I'm saying

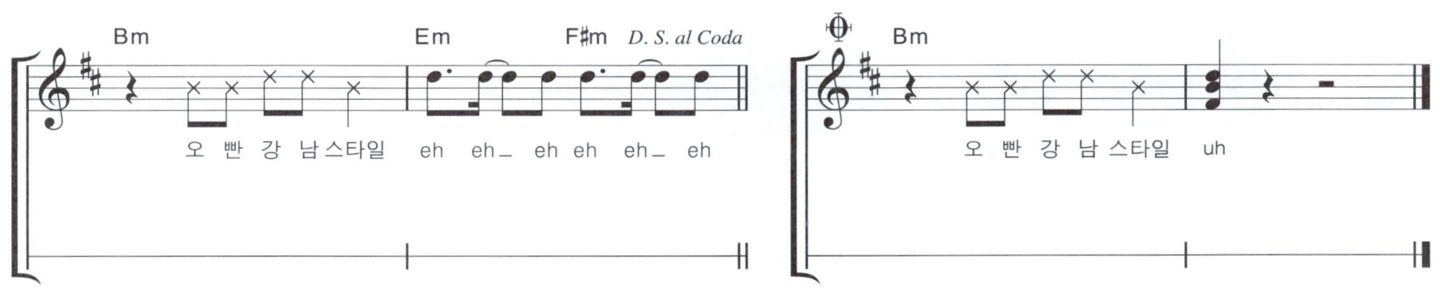
Bm   Em   F#m   D. S. al Coda
오 빠 강 남 스 타 일 eh eh_ eh eh eh_ eh
Bm
오 빠 강 남 스 타 일 uh

긴 생머리 그녀 ... 틴탑

용감한 형제 작사
용감한 형제, 코끼리 왕국 작곡

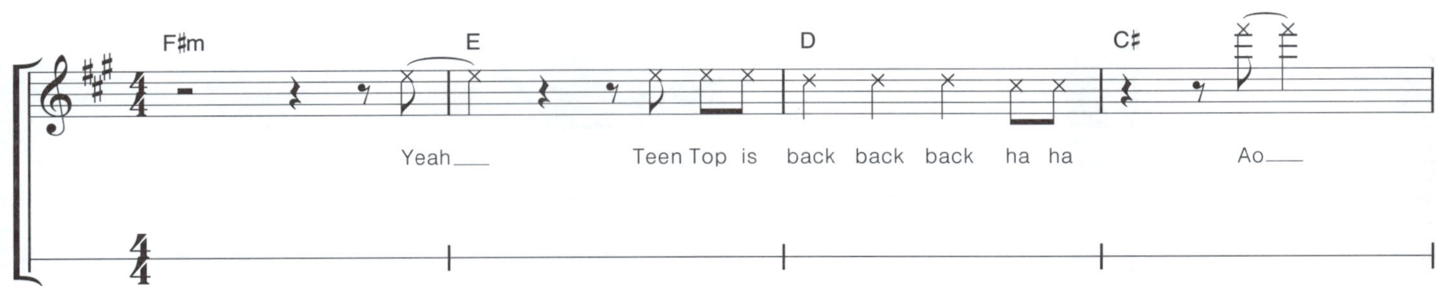

F#m
E
D
C#
나도내 가 이 럴 줄은 정 ― 말 몰 랐어 ― ― ― ―
사 랑이 찾― 아 왔 어
외 로운 나―에 게 로
그래 뭐

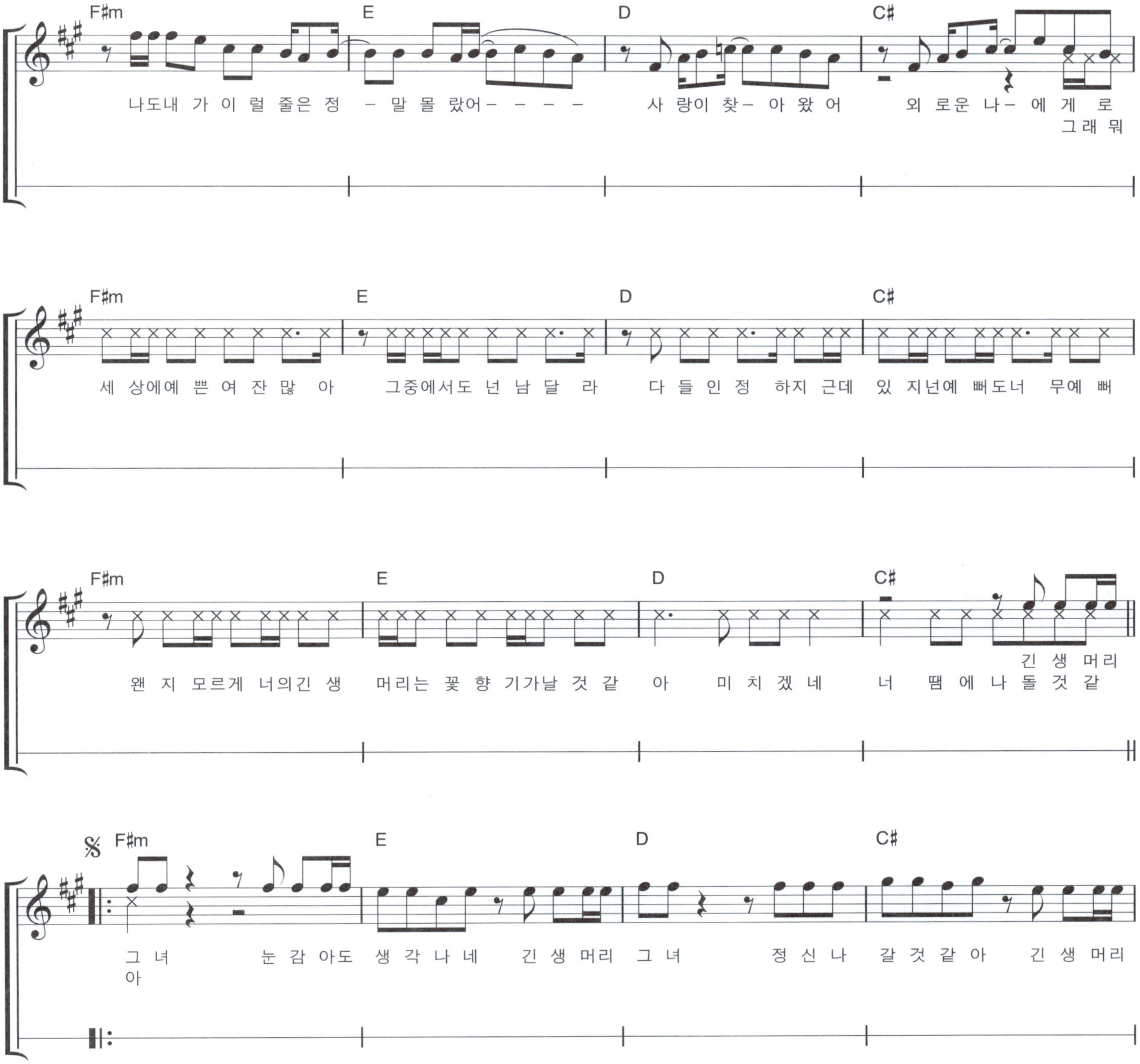

F#m
E
D
C#
세 상에예쁜 여 잔많 아
그중에서도 넌 남 달 라
다 들인정 하지 근데 있 지 넌 예 뻐도너 무예뻐

F#m
E
D
C#
긴 생 머 리
왠 지 모르게 너의긴 생 머 리는 꽃 향 기가날 것 같 아 미 치 겠네 너 땜 에 나 돌 것 같

F#m
E
D
C#
그 녀 눈 감 아도 생 각 나네 긴 생머리 그 녀 정 신 나 갈 것같아 긴 생 머리
아

F#m E D C#
그 녀 왜 이리 보 고픈 건지 나 어떡 해 이제 어떡 해 야 해요
F#m E D C#
랄랄랄랄랄라 랄랄랄랄랄라 랄랄랄랄랄 랄 라
Oh ba—by you got me cra—zy
F#m E D C#
랄랄랄랄랄라 랄랄랄랄랄라 랄랄랄랄랄 랄 라
Oh ba—by you got me cra—zy
1. F#m E D C#
긴 생 머리그 녀 비가내릴 때 면 유 난히생 각이나 는 그 녀 화장기가없 는 쌩 얼이 더 욱더예 뻤던그 녀 그 녀가
F#m E D C#
떠난뒤로생 각에 추 억에젖어 긴 머리풀며내게다가와 줘 좀 다 시또그대향 기를내게줘
반 이 푸 념 밤 새 술 푸 며 네옆에

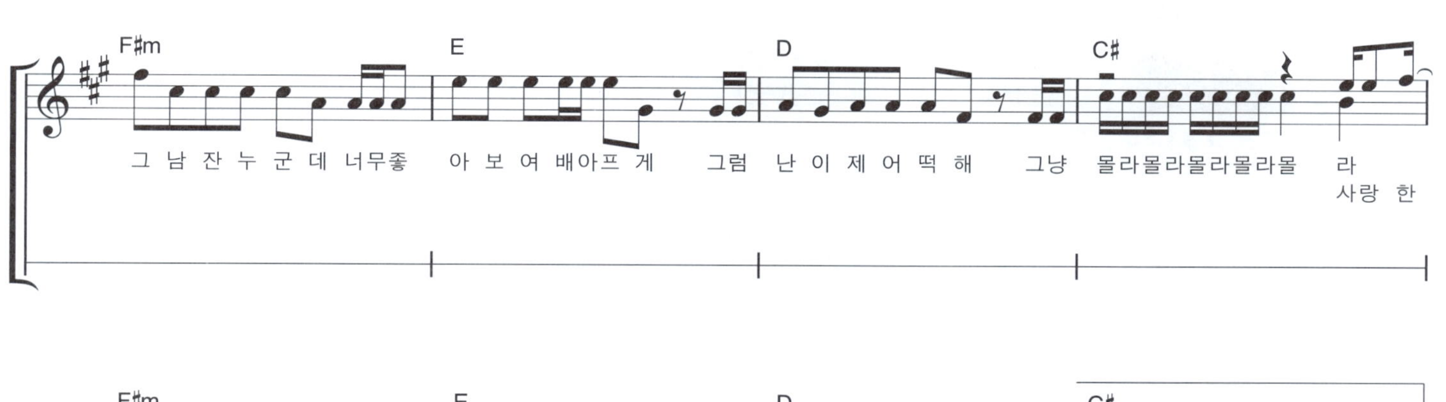
F#m   E   D   C#
그 남 잔 누 군 데 너 무 좋 아 보 여 배 아 프 게   그럼 난 이 제 어 떡 해   그냥 몰라몰라몰라몰라몰 라
사랑 한

F#m   E   D   C#
단 고백 한 번 제 대로 못 했 잖아 나 그 남 자 는 너를 사 랑 하는 게 아 니 야   긴 생 머리

2. D   E   C#   F#m   /E
난 내게 처 음이 었 어   이 렇게사 랑 한게   왜 그 리내 맘을 모 르 는 거 야

D   E   C#
주 위를 맴 돌고 맴 돌 았잖 아 넌 날 모 르고 있잖 아 너만 바 라 보 는

F#m   D. S. al Coda   C#   F#m
날   긴 생 머리   긴 생 머 리 그 녀

영남대학교 음악대학 작곡과 졸업

전 계명대학교 평생교육원 리코더 지도 교수
　　대구예술대학교 평생교육원 컵타 · 우쿨렐레 지도교수
　　대구우쿨렐레 지도자협회장

현 삼호뮤직 아카데미 연구원장
　　한국문화예술아카데미 대표
　　한국컵타협회장
　　한국리코더협회장

저서 삼호뮤직 〈정선화의 읍바라밥바 신나는 리듬컵타〉
　　〈정선화의 읍바라밥바 신나는 리듬컵타 연주교본〉
　　〈정선화의 신나는 방과 후 리코더 소프라노 · 테너 편 1, 2〉

저자 정선화

발　행　일	2014년 5월 31일(1판 1쇄)
	2025년 7월 30일(2판 2쇄)
발　행　인	김정태
저　　　자	정선화
발　행　처	삼호뮤직 (http://www.samhomusic.com)
	우편번호 10881
	경기도 파주시 문발로 175
	마케팅기획부　　전화 1577-3588　　　　팩스 (031) 955-3599
	콘텐츠기획개발부　전화 (031) 955-3588　　팩스 (031) 955-3598
등　　　록	1977년 9월 10일 제 3-61호
ISBN	978-89-326-3860-7